MI EXPERIENCIA CON DIOS

MANUAL PARA EL LÍDER

CLAUDIO V. KING

LifeWay Press
Nashville, Tennessee

ISBN 076732370X
Clasificación Decimal Dewey 231
Subdivisión: Dios-Voluntad

A menos que se indique lo contrario, todas las citas bíblicas se han tomado de la Santa Biblia,
Versión Reina Valera de 1960, propiedad de las Sociedades Bíblicas en América Latina,
publicada por Brodman & Holman Publishers, Nashville, TN., Usada con permiso.

Para ordenar copias adicionales escriba a LifeWay Church Resources Customer Service,
One LifeWay Plaza, Nashville, TN 37234-0113; FAX (615) 251-5933; teléfono 1-800 257-7744 ó envíe un correo electróni-co a customerservice@lifeway.com. Le invitamos a visitar nuestro portal electrónico en WWW.lifeway.com donde encon-trará otros muchos recursos disponibles.
También puede adquirirlo u ordenarlo en la librería LifeWay
de su localidad o en su librería cristiana favorita.

Impreso en los Estados Unidos de América

Leadership and Adult Publishing
LifeWay Church Resources
One LifeWay Plaza
Nashville, TN 37234-0175

ÍNDICE

SESIÓN DE GRUPO 1

SESIÓN DE GRUPO 2

SESIÓN DE GRUPO 3

SESIÓN DE GRUPO 4

SESIÓN DE GRUPO 5

SESIÓN DE GRUPO 6

SESIÓN DE GRUPO 7

SESIÓN DE GRUPO 8

SESIÓN DE GRUPO 9

SESIÓN DE GRUPO 10

SESIÓN DE GRUPO 11

SESIÓN DE GRUPO 12

Modelo de matrícula y asistencia

Título del curso: _____

Líder: _____

Sesión (Marque la asistencia)

Nombre	1	2	3	4	5	6	7	8	9	10	11	12
1.												
2.												
3.												
4.												
5.												
6.												
7.												
8.												
9.												
10.												

* Informe la asistencia semanal al secretario o director general del Ministerio Discipular.
** Usted tiene permiso para hacer copias de este modelo para usarlo en este curso.

CÓMO DIRIGIR UN GRUPO DE ESTUDIO MI EXPERIENCIA CON DIOS

Nota:

Cuando usted vea en el texto de este manual las letras MD y un número de página a continuación se refiere a una cita en este manual para el líder; cuando solamente vea un número de página se refiere al libro del alumno del estudio Mi experiencia con Dios.

Un vistazo al estudio *Mi experiencia con Dios*

A modo de introducción lea las páginas 8 al 10 en el libro del alumno del estudio *Mi experiencia con Dios: ¿Cómo conocer y hacer la voluntad de Dios?* antes de continuar con esta presentación.

El estudio *Mi experiencia con Dios: ¿CÓMO CONOCER Y HACER LA VOLUNTAD DE DIOS?* no es un libro para leerse de corrido. Es parte de un sistema de aprendizaje diseñado para enseñar el material que contiene y ayudar a las personas a profundizar su relación con Dios. Para alcanzar los objetivos propuestos para este curso, los participantes deben estudiar individualmente la lección señalada de cada día, y completar las actividades de aprendizaje. Luego deben reunirse en grupo (entre ocho y diez personas como máximo) para repasar, dialogar sobre preguntas que pudieran surgir, compartir experiencias y conocimiento personal, y aplicar las verdades bíblicas a la vida.

Cómo usar este manual

Este manual para el líder está diseñado para que usted se prepare y pueda dirigir con eficacia las sesiones semanales de grupo. El material que sigue en esta sesión: "Cómo dirigir un grupo del estudio *Mi experiencia con Dios*" le indicará cómo inscribir a los participantes, y prepararse para las sesiones semanales de grupo. Si usted desea ahorrar tiempo, una gran parte de la preparación para las sesiones semanales puede hacerse de una sola vez, antes de empezar el curso. La información contenida en las páginas 12-24 es para usarse en dichas sesiones. Usted deberá reproducir dichas páginas para cada uno de los participante de su grupo. Algunos materiales son opcionales, de modo que debe usar su propio criterio para decidir cuáles usará y deberá reproducir. Tiene permiso para reproducir dichas páginas, pero solo para usarlas con los participan-

tes del estudio Mi experiencia con Dios: ¿Cómo conocer y hacer la voluntad de Dios?

Las páginas 25-63 contienen los procedimientos paso a paso para dirigir la sesión introductoria y las doce sesiones semanales. Para cada sesión se incluyen tres partes:

- *Antes de la sesión.* Esta sección indica lo que debe realizarse antes de las sesiones del grupo. Los cuadritos de la izquierda sirven para que usted haga una marca una vez que completó lo indicado. Se ha hecho todo lo posible para que las sugerencias requieran solo un mínimo de preparación de parte del discipulador, de modo que usted pueda dedicarse a la oración y a la preparación espiritual. Si usted adapta los planes o crea sus propias actividades, deberá conseguir también los materiales necesarios.

- *Durante la sesión.* Esta sección contiene preguntas y actividades de aprendizaje que puede usar para dirigir la sesión semanal del grupo. Cada sesión está planeada para un mínimo de una hora y media, y todas siguen un modelo similar. En la sesión se repasa el contenido de la unidad, y se les permite a los participantes que compartan sus experiencias personales, así como sus respuestas al contenido de la unidad estudiada. Hay un período para orar por los motivos que surjan durante los testimonios. Se sugiere tener también un período opcional para el canto.

- *Después de la sesión.* Esta sección lo guía a evaluar la sesión del grupo, su desempeño como líder, y las necesidades del grupo, a fin de ayudarlo a mejorar constantemente su capacidad para guiar al grupo en su aprendizaje. Cada semana se lo animará a pensar en los participantes de su grupo, e identificar a aquellos que tal vez necesiten que usted se comunique con ellos personalmente. No descuide este aspecto de su ministerio. Su principal tarea en este estudio es ayudar a las personas a crecer en Cristo, no simplemente darles información.

Su papel como discipulador de un grupo pequeño de estudio

Tal vez usted esté preguntándose: "¿Por qué acepté dirigir este grupo? Yo mismo necesito aprender cómo conocer y hacer la voluntad de Dios". Su papel en un grupo pequeño de estudio no es el de maestro. Usted es el líder de las actividades y el facilitador del proceso de aprendizaje del grupo. Si usted percibió que Dios lo guiaba a aceptar esta tarea, puede confiar en que Él lo equipará y lo capacitará para cumplirla. Usted también aprenderá y será un instrumento que Dios usará para hacer su obra. Dependa de Él orando sin cesar.

Los participantes pasarán entre dos y tres horas durante la semana estudiando cada unidad del estudio *Mi experiencia con Dios*. El Espíritu Santo será el maestro. El contenido y las actividades del aprendizaje los ayudarán a aprender durante las semanas las verdades y principios básicos. La tarea que le corresponde a usted consiste en ayudarlos a repasar lo que han aprendido, a compartir los unos con los otros lo que Dios les ha revelado en cuanto a sí mismo, sus propósitos y sus caminos; a aplicar estas verdades a sus vidas, a sus familias, su trabajo y la vida de su iglesia.

Dispóngase a escuchar preguntas difíciles o complicadas. Los participantes del grupo le harán preguntas que usted tal vez no pueda contestar. Recíbalas con agrado. Cuando se le presenten casos así aplique lo que está aprendiendo. Cuando no tenga la respuesta (o incluso cuando la tenga), anime al grupo a unirse en oración buscando la respuesta en las Escrituras. Juntos pídanle a Dios que les revele su voluntad. Luego confíe en que Él lo hará. Cuando Dios envía la respuesta por medio de una o más personas en el grupo, ustedes conocerán más acerca de Dios y sus caminos gracias a esa experiencia.

Tamaño del grupo para lograr un aprendizaje eficaz

Jesús predicó a grandes multitudes, pero la mayor parte de su entrenamiento discipular lo realizó con un grupo de doce. Dentro del grupo de los doce discípulos, tres eran los más allegados al Señor. Estos tres serían líderes claves de la iglesia en el Nuevo Testamento. Usted necesita prever un ambiente en donde Dios puedan realizar su mejor obra en la vida de los participantes. Estos necesitan formar parte de un grupo pequeño en donde pueda formular preguntas, contar sus propias experiencias y orar con otros hermanos y hermanas en Cristo. El mejor ambiente no es una multitud en donde serán simples espectadores, en lugar de participantes. Por consiguiente, el grupo de estudio debe tener un máximo de ocho a diez participantes. Si tiene más de diez personas interesadas en el estudio, haga los arreglos necesarios para tener dos o más grupos de estudio simultáneos. Así podrá tener un ambiente propicio para el aprendizaje.

En la sección "Durante la sesión", cada actividad tiene una sugerencia en cuanto a la manera de agrupar a los participantes. La sugerencia tiene en cuenta el contenido que deberán considerar, el tiempo del que disponen, y el tamaño de grupo que permitirá la mayor participación de todos.

Estos son algunos de los términos que se usarán:
- "Grupo" se refiere al grupo de ocho a diez personas, incluyendo al líder o discipulador.
- "Subgrupo" se refiere a una subdivisión del grupo antes mencionado. Dependiendo del tamaño del grupo entero, un "subgrupo" tal vez tenga tres, cuatro o cinco personas. Por ejemplo, si su grupo tiene ocho participantes, usted puede agruparlos en dos subgrupos de cuatro. Si tiene diez participantes, podría tener dos grupos de tres y uno de cuatro. Usted debe incluirse y participar en las actividades. Cuando los divida en subgrupos, dé verbalmente las instrucciones a todos. Tal vez tendrá que designar a una persona como líder de cada subgrupo. En la sección titulada "Un momento de compartir" se dan las instrucciones para las pruebas de repaso. Todos los participantes deben tener listos los ejercicios propuestos en el libro del alumno.
- "Parejas" se refiere a dos personas que trabajan juntas. Si tiene un número impar de asistentes, una "pareja" necesariamente tendrá tres personas, o una persona puede agruparse con usted para formar otra pareja.

"Grupo grande" se usa únicamente para referirse a la ocasión donde hay dos o más grupos pequeños de estudio trabajando simultáneamente.

Prepárese para dirigir un grupo pequeño del estudio *Mi experiencia con Dios*

Como líder o discipulador de un grupo pequeño de estudio usted necesita hacer los preparativos para el estudio, ayudar a matricular a los participantes, guiar las sesiones del grupo, y realizar algún seguimiento al finalizar el estudio. Las siguientes tareas lo ayudarán a realizar estas tareas.

Decida cuántos grupos necesitan tener. Si usted no es el pastor, hable con él. Tanto usted como el pastor deben hablar con el director del programa de discipulado y con otros líderes de la iglesia para determinar cuántas personas tienen interés en realizar este estudio en esta ocasión. Cualquier adulto que haya recibido a Jesucristo como su Señor y Salvador puede beneficiarse con este estudio. Una breve encuesta en su iglesia descubrirá cuántas personas tienen interés en estudiar cómo conocer y hacer la voluntad de Dios. Necesitará organizar un grupo por cada diez personas. Cada grupo deberá tener un discipulador.

Elija a los discipuladores. Cada grupo debe tener su propio discipulador que hará de guía o facilitador. Si usted no es el pastor, hable con él porque tal vez su pastor desee guiar el primer grupo, y luego adiestrar a otras personas como discipuladores. Eso le permitirá al pastor conocer el contenido del estudio Mi experiencia con Dios. También le será de inspiración en su propio andar con Dios. Si su pastor no puede dirigir el primer grupo, busque entre los líderes espirituales de su iglesia alguien que pueda dirigirlo.

Ore. Pídale a Dios que lo ayude a identificar a las personas que Él quiere que dirijan los grupos. Estos discipuladores deberán ser creyentes que estén creciendo espiritualmente y sean miembros activos de la iglesia. Deben demostrar deseos por aprender, capacidad para relacionarse bien con otras personas, compromiso para no divulgar ninguna información confidencial y buena disposición para invertir el tiempo necesario que requiere la preparación de las sesiones.

Ordene los materiales. Los materiales necesarios deben ordenarse con bastante anticipación (entre ocho y diez semanas antes de que comience la primera sesión del grupo). Aun cuando usted pueda recibir su orden a los pocos días, los discipuladores de los grupos de estudio necesitan tiempo para prepararse y matricular a los participantes. Incluso cuando usted decida matricular a los participantes más tarde, calcule los materiales que va a necesitar. Ordene un libro del alumno por cada participante, y un manual para el líder por cada ocho a diez participantes. Se encuentran a su disposición:

- *Mi experiencia con Dios: ¿Cómo conocer y hacer la voluntad de Dios?* Libro del alumno (Artículo N° 5800-54).
- *Mi experiencia con Dios: ¿Cómo conocer y hacer la voluntad de Dios?* Manual para el líder (Artículo N° 5800-55).

Las órdenes de compra o preguntas con respecto a estos materiales deben dirigirse al Customer Service Center, 127 Ninth Avenue North, Nashville, TN 37234, o llame gratis al teléfono 1-800-257-7744. Los operadores en español atienden las llamadas telefónicas de lunes a viernes entre las 8:00 a.m. y las 5:30 p.m. -hora central en los Estados Unidos- (Central Standard Time). En Canadá, llame por cobrar al teléfono 615-251-2643. En la costa oeste llame al 1-800-677-7797. Estos materiales también pueden conseguirse en las librerías bautistas o evangélicas de su localidad.

Provéales cuadernos a los participantes. Ellos deberán llevar un diario espiritual durante este curso. En la sesión introductoria está la explicación sobre este diario (vea pp. 25-27). Decida si se proveerá la misma clase de cuadernos para cada persona, e incluya el costo en la cuota de la matrícula. También puede pedirle a cada persona que consiga su propio cuaderno. (Uno de cien páginas será suficiente.) Otras sugerencias son:

- Una carpeta de tres anillos, con papel, (si los participantes prefieren esta alternativa, puede sugerirles que consigan una carpeta grande en donde también quepa el libro de estudio).
- Cuadernos espirales, preferiblemente los que tienen divisiones o cualquier tipo de libreta.

Al distribuir los cuadernos a los participantes, repártales también la copia con las instrucciones "¿Cómo llevar un diario espiritual?" (21).

Fije y cobre las cuotas. Es preferible que los participantes solventen el costo de los materiales. Pero su iglesia puede ayudar con una parte del costo, si así lo dispone. Sin embargo, se recomienda que cada participante pague por lo menos una parte del mismo. Anuncie la cuota con anticipación, de modo que nadie se sorprenda o se sienta molesto e incómodo el día de la matrícula. Tal vez su iglesia quiera solventar el costo del libro a aquellos que realmente desean tomar el curso pero están en una situación económica difícil.

Prepare y consiga cualquier recurso adicional. Una gran parte de la preparación para el curso puede hacerse de una vez y con anticipación. Si usted lo hace así, se ahorrará mucho tiempo durante el curso, y podrá dedicarse a la oración y a la preparación espiritual.

1. Reproduzca las siguientes páginas del manual para el líder. Haga una copia para cada participante. Algunas son opcionales o pueden prepararse en un cartelón o en el pizarrón según su propio criterio. (La manera más fácil es hacer fotocopias.) Use cartulina o papel de construcción para las tarjetas de memorización. Tiene permiso para reproducir las páginas que se recomiendan en este manual, pero solo para usarlas con el estudio *Mi experiencia con Dios: ¿Cómo conocer y hacer la voluntad de Dios?*

Altamente recomendadas:
- Pruebas de repaso (pp. 12-16)
- Tarjetas para memorización (p. 17)
- Instrucciones sobre cómo llevar un diario espiritual (p. 21)
- Evaluación del estudio *Mi experiencia con Dios* (pp. 22-23)

Opcional, pero útil:
* Formulario de matrícula y asistencia (p. 4).

2. Prepare los siguientes cartelones:
* Cartelones para la memorización de la Escritura. Vea la sección "Ayude a los participantes en la memorización" (p. 9). Escriba en una cartulina las instrucciones que se dan en negrita, o palabras claves, para usarlo en cada una de las sesiones semanales.
* Cartelones de las siete realidades. En una cartulina dibuje el diagrama que se halla en la página 19 del libro del alumno. Use un marcador de felpa de diferente color para hacer el diagrama y escribir las palabras de cada una de las siete realidades. Se usará este cartelón durante todo el curso, de modo que debe guardarlo.
* Dos cartelones con diagramas. Siga las instrucciones del punto 6 en el manual del líder (p. 40)
* Cartelones de las unidades. Busque personas del grupo que puedan ayudarlo a preparar cartelones para cada unidad. Lea el resumen al final de la lección de cada día. Seleccione de tres a cinco enseñanzas, o porciones bíblicas que mejor resuman el contenido de la unidad. Escríbalas en cartulina o en papel de colores. Al reverso de cada cartelón escriba el número de la unidad. Si lo desea recúbralos con plástico transparente para protegerlos y poder usarlos repetidas veces.

3. Si planea exhibir un ejemplar de un libro sobre la oración puede usar *"En la presencia de Dios"* de T. W Hunt y Claude V. King (p. 50). Si quiere exhibir otros ejemplares de cursos para el entrenamiento en el discipulado, consígalos ya. Antes de comprarlos verifique si la biblioteca de su iglesia, la biblioteca de la asociación local, o algún líder los tiene y podrían prestárselos para exhibirlos.

4. Consiga un pizarrón y tiza, o papel de hojas grandes y marcadores de felpa. Los usará durante todo el curso, y en varias ocasiones. En algunas sesiones se necesitarán algunas hojas adicionales. Asegúrese de tener todo lo necesario.

Seleccione un canto lema. Algunas personas aprenden mucho acerca de Dios mediante cantos e himnos. La música es también una manera valiosa de estimular una respuesta afectiva y espiritual a los temas que se estudian de parte de los participantes. Considere seleccionar un canto lema para cantarlo durante este estudio. Puede buscar una grabación y tocarla si lo desea.

Decida cuándo y dónde se reunirá el grupo. Los planes que se recomiendan requieren sesiones de por lo menos una hora y media cada una. El grupo o grupos pueden reunirse en el templo, en hogares, o en cualquier lugar conveniente para los participantes. Si hay más de un grupo, tal vez podría ofrecer diversos horarios, en distintos lugares, de modo que más personas puedan participar. Considere las siguientes alternativas:
* *El domingo* por la noche en el templo. Las reuniones pueden empezar una hora y media antes de los cultos de la noche.
* *El miércoles* por la noche en el templo. El grupo se puede reunir una hora y media antes del culto de oración.
* *Otro día de la semana, en la mañana, en la tarde, o en la noche.* El grupo o los grupos pueden reunirse en hogares, en el templo, o en otros lugares y en horarios más conveniente para los participantes. Una ventaja de esta alternativa es la atmósfera informal. Los participantes no tendrían que apresurarse para concluir y estar a tiempo en el culto, como sería en el caso de las dos primeras opciones.

Prepare un horario. Una sesión típica se desarrolla de la siguiente manera:

Horario:
   Actividad de apertura–5 minutos
   Repaso de la unidad–35 minutos
   Receso–5 minutos
   Un momento para compartir y dialogar–25 minutos
   Un período de oración–10 minutos
   Cantos y música especial–5 minutos
   Conclusión–5 minutos

Este es un horario opcional. Usted puede hacer los cambios necesarios, según su propia situación. Si considera que necesita más tiempo para el repaso de la unidad, tal vez deberá acortar el momento para dialogar. Si, por el contrario, considera que el tiempo para dialogar es mucho, tal vez querrá extender el período de oración o de los cantos. El horario no es rígido. Úselo con flexibilidad, pero mantenga el ritmo, de modo que pueda avanzar y cubrir todo el material y las actividades del aprendizaje correspondientes a cada semana.

Inscriba a los participantes. Invite a los líderes de la iglesia y a otros posibles participantes a una sesión introductoria (p. 25). En esta sesión se debe dar suficiente información para que puedan decidir si participar o no. Al final de la sesión, dé a los presentes la posibilidad de inscribirse en el curso. Si las personas no están dispuestas a comprometerse seriamente en el estudio individual y con el grupo, pídales que se abstengan de participar en esta ocasión. Recuerde que cada grupo debe tener un máximo de diez personas. Si tiene más, forme grupos adicionales y nombre un discipulador para cada grupo.

Determine la fecha y la hora: Fije la fecha y la hora para la primera sesión (de acuerdo a lo que cada grupo haya establecido) y reparta los materiales. Asigne las tareas de la primera unidad.

Publicidad: (p.11) hay una muestra de un anuncio que se puede incluir en una circular o en el boletín de la iglesia. Escriba la fecha, la hora y el lugar en el sitio indicado. Si lo desea, puede preparar sus propios cartelones o afiches de publicidad.

Los registros. Coordine con el director o con el secretario del programa de discipulado para determinar la mejor manera de llevar los registros de matrícula y asistencia. La participación de este curso cuenta para el programa de discipulado, independientemente del día y la hora en que se reúnen los grupos. Si lo desea, haga una fotocopia del formulario (p.4). Informe semanalmente la asistencia. Incluso si su iglesia no cuenta con un programa de discipulado, el estudio de este curso debe incluirse en los informes de la iglesia.

Otra razón para llevar los registros es la participación en el "Plan de estudio de crecimiento cristiano" para las iglesias. Las personas que concluyan en el estudio de Mi experiencia con Dios y asistan a las sesiones del grupo, tienen derecho a recibir crédito para el diploma correspondiente. Este diploma reconoce el esfuerzo del participante.

Ayude a los participantes en la memorización.
Las siguientes sugerencias son para entrenar a los participantes en la memorización de los versículos bíblicos. Escriba las instrucciones en un cartelón, y úselo en las sesiones. Prepárese para explicar cada una de las siguientes sugerencias.

1. Escriba el versículo y la cita bíblica en una tarjeta.
2. Procure entender el versículo. Léalo en su contexto. Por ejemplo, para Juan 15.5 usted puede leer Juan 15.1-17. Estudie el versículo y trate de comprender lo que significa.
3. Léalo en voz alta varias veces.
4. Memorice una sola frase a la vez. Divida el versículo en frases cortas. Memorice la primera frase palabra por palabra. Luego pase a memorizar la siguiente frase, y así sucesivamente, hasta que pueda repetir todo el versículo.

5. Repítaselo a otra persona, y pídale que verifique la exactitud.
6. Repase regularmente los versículos que ha memorizado. Durante la primera semana lleve la tarjeta en su bolsillo o cartera. Úsela para repasar el versículo varias veces al día, en sus momentos libres: camino al trabajo, durante su receso o en el almuerzo. Durante las siguientes seis semanas repase el versículo por lo menos una vez por semana, y de allí en adelante mensualmente.

Aprenda a responder a la actividad de Dios en el grupo.

Una de las lecciones que usted necesita aprender del Señor es cómo responder a la manera en que Dios está obrando en el grupo. Nunca se nos ha enseñado cómo responder cuando Dios interrumpe nuestras actividades, planes o programas. Esta es una lección que Dios seguramente le enseñará. Puede estar seguro de eso. Él se interesa en su grupo mucho más que usted. Si Dios quiere obrar en medio de su grupo para revelarse a sí mismo, puede hacerlo, y lo capacitará a usted para que responda apropiadamente. Para que esto suceda usted debe dejarle sus planes y agenda a Dios. Si Él se manifiesta en su grupo, cancele su propia agenda y vea lo que Dios quiere hacer.

El hermano Claude King cuenta la siguiente experiencia:
Henry Blackaby y yo estábamos dirigiendo este estudio en el centro de conferencias de Glorieta. Había alrededor de 150 personas divididas en pequeños grupos. Todos estaban concluyendo un período de testimonios y oración, y yo estaba a punto de ceder la palabra al hermano Blackaby.

Una persona se puso de pie y explicó que una hermana necesitaba que oráramos por ella. La hermana había sufrido mucho maltrato en su infancia, y ahora su padre estaba muriendo de cáncer.

El hermano Blackaby y yo hemos visto a Dios otorgando sanidad emocional y espiritual en casos así. Me di cuenta de que Dios quería mucho más que una simple petición de oración ante el grupo. Tuve que elegir entre hacer una breve oración y ceder la plataforma al hermano Blackaby, o entregarle la sesión a Dios. El hermano Blackaby y yo habíamos acordado de antemano que si Dios en algún momento se manifestaba, cancelaríamos nuestra agenda y le cederíamos la libertad para obrar como quisiera. Así lo hicimos.

Sabía que Dios había puesto las necesidades de aquella hermana al cuidado del grupo, de modo que di por sentado que Él había puesto en ese grupo las personas que podían ministrarla de la mejor manera. Pedí a la audiencia que los que podían identificarse con la necesidad indicada se acercaran y oraran con ella. Ocho o diez hermanas se acercaron. Entonces invité a los que tenían alguna otra necesidad que solo Dios podría satisfacer que la mencionaran para que oráramos por ellos. Dios guió a otros para que se acercaran a orar por las necesidades que se expresaron.

Cuando Dios completa su obra en la vida de una persona, solemos darle a ella la oportunidad de compartir con el grupo lo que Dios ha hecho. A menudo Dios usa el testimonio para invitar a alguien con un problema similar a acercarse a Él y encontrar libertad. En aquel centro de conferencias observamos cómo Dios usaba a los participantes del grupo para ministrar a otras personas en necesidad. Personas que habían estado en esclavitud espiritual por décadas encontraron libertad espiritual en Cristo. Otros experimentaron la consolación, la sanidad y la paz que solamente Dios puede dar. Algunos, por primera vez un sus vidas, experimentaron el amor de un padre: el Padre celestial. Aquellos a quienes Dios usó para ministrar a otros, tuvieron una experiencia con Dios actuando por medio de ellos en una manera significativa como nunca antes les había sucedido.

Aprendimos más de Dios en esa hora, por medio de la experiencia, que en una semana de conferencia.

Cómo responder a la actividad de Dios. Encontrará aquí algunas sugerencias para responder a la actividad de Dios en el grupo.
- Tenga confianza en Dios. Él lo guiará cuando quiera obrar en su grupo.
- Decida cancelar de antemano su propia agenda o planes y darle a Dios la libertad para moverse cuando le muestre que Él quiere hacer la obra. Como aprenderá al estudiar este curso, hay algunas cosas que solo Dios puede hacer. Cuando usted lo vea obrar en su grupo, esa será la invitación que le extiende para que se una a Él.
- Observe atentamente las reacciones de las personas tales como: lágrimas de gozo o convicción, quebrantamiento emocional o espiritual, la alegría de una perspectiva nueva o la necesidad de oración. Estas manifestaciones aparecen algunas veces como una expresión facial. Determine si usted debe hablar de inmediato con la persona y con el grupo, o en privado. Usted debe depender del Espíritu Santo para que lo guíe en todo esto.
- Responda preguntando algo así como: "¿Hay algo que está ocurriendo ahora mismo en su vida que le gustaría compartir con el grupo? ¿Cómo podríamos orar por usted? ¿Le gustaría decirnos lo que Dios está haciendo en su vida? ¿Qué podríamos hacer para ayudarlo?"
- Si la persona responde contando algo, entonces minístrela de acuerdo a esa necesidad. Si la persona parece no estar lista para responder, no la presione a hacerlo. Dele tiempo a Dios para que obre en la vida de esa persona.
- Invite a los participantes del grupo a ministrarse unos a otros. Esto puede ser por medio de una oración, consuelo, algún consejo en privado, o alegrarse con la persona. Cuando usted siente que no está preparado para tratar con algún problema que aflore a la superficie, pregunte al grupo si alguno de ellos percibe que Dios lo impulsa a ayudar. Usted quedará sorprendido al ver cómo Dios obra por medio de la persona adecuada que ministrará dicha necesidad.
- Dele a los hermanos la oportunidad de testificar lo que Dios está haciendo. Esto es importante. A menudo Dios puede usar el testimonio de una persona para ayudar a otro con un problema similar. Una de las mejores maneras para que la gente tenga una experiencia con Dios es escuchar el testimonio de la obra maravillosa que Dios hace en la vida de otra persona. No prive a los hermanos de ver la gloria de Dios.
- Cuando usted no perciba ninguna dirección clara en cuanto al siguiente paso que hay que dar, pregúntele al grupo.

El hermano Claude King nos cuenta:
- Ocasionalmente he dicho: "No percibo claramente el siguiente paso que hay que tomar. ¿Alguno de ustedes lo percibe?" Siempre ha habido alguien del grupo que tuvo una respuesta inmediata, y que los demás apoyan, señalándonos la dirección correcta y apropiada que debíamos seguir.

Es imposible explicar todo lo que usted tendrá que hacer o darle las instrucciones específicas para cada situación. Pero puedo hablar de mi propia experiencia. Si Dios quiere obrar en medio de un grupo, puede guiarlo; y lo hará. Su trabajo como discipulador es aprender a conocer la voz de Dios, y entonces hacer todo lo que usted percibe que Él quiere que usted haga. Al mismo tiempo debe confiar en que Él trabajará a través del cuerpo de Cristo que es la iglesia. Dios ha colocado a las personas en su grupo, y los ha dotado para la edificación del cuerpo de Cristo. Reconozca y use todos los recursos que Dios le ha dado a su grupo.

MI EXPERIENCIA CON DIOS

¿Cómo conocer y hacer la voluntad de Dios?
¿Quiere usted...
- Aprender a oír cuando Dios le habla?
- Descubrir en dónde Dios está obrando y unirse a Él?
- Tener la experiencia de que Dios obre a través suyo y hacer aquello que solo Él puede hacer?

El curso Mi experiencia con Dios: ¿Cómo conocer y hacer la voluntad de Dios? lo guiará en un estudio bíblico de doce semanas, para aprender cómo conocer mejor a Dios, cómo saber cuando Dios le está hablando, y cómo ajustar su vida y ministerio a la revelación que Dios le da en cuanto a su voluntad. El estudio diario dado en un libro y la sesión semanal del grupo, lo ayudarán a desarrollar una relación de confianza personal con Dios mediante la cual Él se revelará a sí mismo, y revelará su voluntad.

Henry Blackaby, autor del curso, es Director de oración y despertamiento espiritual de la Junta de Misiones Domésticas de la Convención Bautista del Sur en los Estados Unidos. Por medio de historias de la vida real relata cómo Dios obró mediante individuos, iglesias y asociaciones para realizar su voluntad. Usted se animará a profundizar su andar con Dios.

¿Le interesa? Asista a la reunión introductoria

Fecha: _____

Lugar: _____

Hora: _____

†Tiene permiso para reproducir el volante que antecede y usarlo en la promoción del curso Mi experiencia con Dios. Escriba la fecha, el lugar y la hora en las líneas indicadas.

PRUEBA DE REPASO: UNIDAD 1

Escriba una palabra o palabras claves para cada una de las siete realidades de tener una experiencia con Dios.

1._____
2._____
3._____
4._____
5._____
6._____
7._____

Verifique sus respuestas en las páginas 19 y 20.

Unidad–1 Presentémonos

A. Mi nombre es...
B. Mi dirección es...
C. Mis números de teléfono de casa y del trabajo son...
D. Lo que más me gusta de esta ciudad es...
E. Le entregué mi vida a Jesús como Señor y Salvador hace...
F. Algo interesante que ustedes tal vez no sepan de mí es...
G. Decidí realizar este estudio acerca de cómo conocer y hacer la voluntad de Dios porque...

PRUEBA DE REPASO: UNIDAD 2

A. En la línea en blanco escriba "V" si la declaración es verdadera, o "F" si es falsa.

____ 1. Dios les pide a las personas que sueñen lo que quisieran hacer para Él (p. 28).
____ 2. En mi relación con Dios Él siempre toma la iniciativa (p. 32).
____ 3. Conoceré la voluntad de Dios si aplico una fórmula o un método (p. 37).
____ 4. El momento en que Dios me habla es la ocasión propicia según Dios (p. 38).

B. De las siguientes palabras seleccione las correctas y complete los espacios en blanco.
capacidad   fe   carácter   incredulidad
1. Pedirle una señal a Dios indica _____(p. 37)
2. Dios desarrolla el _____ para que sea apropiado para la tarea (p. 39)

Vea las respuestas en las páginas entre paréntesis.

Unidad 2–Tiempo para compartir

Conversen en su grupo sobre:

- Las preguntas acerca del juicio de Dios en la página 31.
- Las cuatro preguntas acerca del señorío y la edificación del carácter, en la página 40.
- Una de las enseñanzas o porciones bíblicas más significativas de las lecciones de esta unidad, y su respuesta en oración a Dios. Escoja una de las páginas 28-29, 32, 35, 38 ó 41.

PRUEBA DE REPASO: UNIDAD 3

A. ¿Cuál debería ser la influencia principal para moldear su vida? (pp. 46-48)
❏ Mi pasado   ❏ Mi futuro

B. ¿Quién toma la iniciativa para establecer una relación de amor entre usted y Dios? (p. 50)
❏ Yo   ❏ Mi pastor   ❏ Dios

C. Complete los espacios en blanco con la segunda realidad de tener una experiencia con Dios.
Dios _____ una _____ continua de _____ con usted que sea _____ y _____ (p. 20).

Vea las respuestas en las páginas entre paréntesis.

Unidad 3–Tiempo para compartir

Conversen en su grupo sobre:
- Las cosas que asegurarán una inversión en su vida, tiempo y recursos que tendrán carácter permanente (p. 48).
- Razones por las cuales usted sabe que Dios lo ama (p. 51).
- Una experiencia en la que Dios fue real, personal y práctico en la relación con usted (p. 54).
- Una de las enseñanzas o porciones bíblicas más significativas de las lecciones de esta unidad, y su respuesta en oración a Dios. Escoja una de las páginas 48, 50, 52 ó 55.

PRUEBA DE REPASO: UNIDAD 4

A. En las líneas en blanco escriba la letra que corresponda a la respuesta correcta en cuanto a la naturaleza de Dios (p. 62).

___ 1. Dios es amor.
___ 2. Dios lo sabe todo.
___ 3. Dios es todopoderoso.

a. La dirección de Dios es la correcta.
b. Dios puede capacitarme para que haga su voluntad.
c. La voluntad de Dios es lo mejor.

B. Complete los espacios en blanco con la tercera realidad de tener una experiencia con Dios (p. 64).
Dios lo invita a _____ en su _____.

C. Indique por lo menos tres cosas que solo Dios puede hacer (p. 68).

_____

Vea las respuestas en las páginas entre paréntesis.

Unidad 4–Tiempo para compartir

- Conversen en su grupo sobre:
- Un suceso por medio del cual usted llegó a conocer a Dios por experiencia, y el nombre que usaría para describir al Señor (pp. 58 y 59).
- (Formar subgrupos) ¿Qué fue lo que pensó, sintió o experimentó durante su período de adoración en el día 2? (p. 61).
- Ideas que usted tenga en cuanto a cómo reconocer la actividad de Dios a su alrededor (p. 70).
- Una de las enseñanzas o porciones bíblicas más significativas de las lecciones de esta unidad, y su respuesta en oración a Dios. Escoja una de las páginas 59, 63-64, 67 ó 71.

PRUEBA DE REPASO: UNIDAD 5

A. Use las palabras indicadas para escribir los otros tres factores importantes en cuanto a la manera en que Dios habló a los individuos en los tiempos del Antiguo Testamento (pp. 73 y 74).
Cuando Dios habló:
1. Generalmente fue una experiencia única para ese individuo.
2. La persona estaba segura _____
3. La persona supo lo que _____
4. La persona tuvo un encuentro _____

B. Cuando Dios habla por el Espíritu Santo, ¿qué cosas nos revela? (p. 79).
Dios habla por medio del Espíritu Santo para revelarse _____, sus _____ y sus
_____.

C. En la línea en blanco escriba la letra que corresponde a la razón por la cual Dios revela lo indicado en cada caso (p 82).
Dios revela...
___ 1. A sí mismo
___ 2. Sus propósitos
___ 3. Sus caminos
Porque...
a. quiere que yo sepa cómo realizar cosas que solo Él puede hacer.
b. quiere que yo sepa lo que va a hacer, de modo que yo pueda unírmele.
c. quiere que tenga fe para creer que Él puede hacer lo que ha dicho.

Vea las respuestas en las páginas entre paréntesis.

Unidad 5–Tiempo para compartir

Conversen en su grupo sobre:
- Lo que Dios ha estado diciendo en este grupo (p. 78).
- Lo que Dios ha dicho a través de la Biblia (pp. 84 y 85).
- Lo que Dios le ha dicho por medio de la oración (p. 89).
- Una de las enseñanzas o porciones bíblicas más significativas de las lecciones de esta unidad, y su respuesta en oración a Dios . Escoja una de las páginas 75-76, 78-79, 82-83, 86 ó 90.

Prueba de repaso: Unidad 6

Escriba en sus propias palabras las primeras cuatro afirmaciones de las realidades de tener una experiencia con Dios (p. 96).
1. trabaja: _____
2. relación: _____
3. invitación: _____
4. habla: _____

Vea las respuestas en las páginas entre paréntesis.

Conversen en su grupo sobre:

• "Señales espirituales" en su propia vida. (Tarea asignada en la página 104.)

Prueba de repaso: Unidad 7

A. En sus propias palabras escriba la quinta realidad de tener una experiencia con Dios.
Crisis: _____
_____

B. Complete los espacios en blanco en las siguientes cuatro declaraciones (p. 119).
1. Un encuentro con Dios exige _____.
2. Los encuentros con Dios son _____.
3. Lo que hago en respuesta a la _____ (invitación) de Dios revela lo que usted _____ de Dios.
4. La verdadera fe requiere _____.

Vea las respuestas en las páginas entre paréntesis.

Conversen en su grupo sobre:

• Las actividades A, B, C y D en las páginas 110 y 111. Compare sus respuestas en A y B, y dialogue con los demás participantes sobre sus respuestas C y D.
• Ocasiones en su vida que exigieron fe, y de qué manera respondieron (p. 115).
• Las respuestas de los puntos 1 al 8 en la página 118. Compare dichas respuestas con las cuatro declaraciones anteriores. Comparta, compare y dialogue sobre sus respuestas a las preguntas 5, 6, 7 y 8.
• Una de las enseñanzas o porciones bíblicas más significativas de las lecciones de esta unidad, y su respuesta en oración a Dios. Escoja una de las páginas 111, 115, 119, 122-123 ó 125.

Prueba de repaso: Unidad 8

A. Complete los espacios en blanco según las declaraciones que estudió en esta unidad (p. 140).
1. Usted no puede _____ donde está y al mismo tiempo _____ Dios.
2. La obediencia le _____ mucho a _____ y a los que le rodean.
3. La obediencia requiere _____ _____ en que Dios obrará a través de usted.

B. ¿Cuál es la mejor manera de encontrar lo que Dios quiere para su vida y su iglesia? Marque una.
❑ a. Un buen libro ❑ b. Otras personas
❑ c. Dios ❑ d. La agencia denominacional

C. Al reverso de esta hoja responda a lo siguiente:
1. ¿Por qué usted debe depender totalmente de que Dios obrará por su intermedio para llevar a cabo los propósitos del reino? (p. 140).
2. ¿Por qué debe usted "esperar en Dios"? (p. 142).

Vea las respuestas en las páginas entre paréntesis.

Conversen en su grupo sobre:

• Una de las enseñanzas o porciones bíblicas más significativas de las lecciones de esta unidad, y su respuesta en oración a Dios. Escoja una de las páginas 129, 132, 140 ó 144.
• Ajustes que ha tenido que hacer en cuanto a su manera de pensar durante este curso (p. 131).
• Ajustes que Dios le ha exigido (p. 131).
• Una experiencia o anécdota en donde se le exigió un ajuste costoso u obediencia costosa (p. 135).
• El encuentro personal más significativo y el porqué (pp. 131 y 132).
• Cómo se conoce su iglesia en cuanto a la oración; y qué ajustes quiere Dios que su iglesia haga (pp. 143 y 144).

PRUEBA DE REPASO: UNIDAD 9

Ahora usted ya ha estudiado todas las siete realidades de tener una experiencia con Dios. Use las declaraciones que siguen para escribir en sus propias palabras las siete realidades.

1. La obra de Dios: _____
_____

2. Relación de amor: _____
_____

3. Dios invita: _____
_____

4. Dios habla: _____
_____

5. Crisis de fe: _____
_____

6. Ajustes grandes: _____
_____

7. Obedecerlo: _____
_____

Vea las respuestas en las páginas entre paréntesis.

Unidad 9–Tiempo para compartir

Conversen en su grupo sobre:

- Enseñanzas que hayan influido en la manera que ama y obedece a Dios (pp. 146 y 147).
- "Nombres" por los cuales usted ha llegado a conocer a Dios por experiencia propia (p. 157).
- Las preguntas A-G en la página 150.
- Enseñanzas o afirmaciones que han sido significativas para usted (pp. 153 y 154).
- Una de las enseñanzas o porciones bíblicas más significativas de las lecciones de esta unidad, y su respuesta en oración a Dios. Escoja una de las páginas 149, 152-153, 156 ó 161.

PRUEBA DE REPASO: UNIDAD 10

A. En sus propias palabras escriba tres pautas que Dios quiere en el cuerpo de Cristo (p. 176).

1._____
_____

2._____
_____

3._____
_____

B. En el reverso de esta hoja escriba su respuesta a lo siguiente:

1. ¿Por qué cree ud. que Dios lo ha añadido al cuerpo de su iglesia actual?

2. ¿Qué es lo que hace usted en su iglesia que contribuye eficazmente a edificar el cuerpo de Cristo?

Vea las respuestas en las páginas entre paréntesis.

Unidad 10–Tiempo para compartir

Conversen en su grupo sobre:

- Cuál es la voluntad de Dios en cuanto a la manera en que su iglesia toma decisiones (p. 170).
- Las preguntas en la sección B de esta prueba de repaso.
- Cosas que podrían ayudarlo a funcionar eficazmente en el cuerpo de Cristo (p. 177).
- Las preguntas 1-3 en las páginas 177-178.
- Instrucciones de Romanos 12 y 1 Corintios 12 "para mi iglesia" y "para mí" (pp. 171, 172, 180 y 181).
- Una de las afirmaciones o porciones bíblicas más significativas de las lecciones de esta unidad, y su respuesta en oración a Dios. Escoja una de las páginas 166-167, 170-171, 174, 178 ó 182.

PRUEBA DE REPASO: UNIDAD 11

A. Mencione dos principios del reino que usted ha estudiado en esta semana (pp. 187-192).

1. _____

2. _____

B. En una hoja de papel aparte responda lo siguiente:

1. ¿De qué manera la relación con su hermano en Cristo refleja su propia relación con Dios? (pp. 194 y 195).

2. ¿Qué necesita usted para experimentar una koinonía más completa en su iglesia?

3. Según lo que usted percibe, ¿cuál es el propósito de Dios para que en su iglesia haya más koinonía?

Vea las respuestas en las páginas entre paréntesis.

Unidad 11–Tiempo para compartir

- Las preguntas de la sección B en esta prueba de repaso.
- El principio al cual Dios le llamó la atención, y lo que usted debe hacer diferente para aplicarlo en su vida (p. 192).
- Las dos enseñanzas que usted seleccionó del resumen, y el porqué (pp. 192 y 193).
- Una de las enseñanzas o porciones bíblicas más significativas de las lecciones de esta unidad y su respuesta en oración a Dios. Escoja de las páginas 186-187, 190, 192-193, 196 ó 201.

PRUEBA DE REPASO: UNIDAD 12

A. Use las palabras indicadas para escribir los cuatro elementos esenciales de la koinonía. Verifique después sus respuestas según la página 207.

1. amor: _____

2. someterse: _____

3. experiencia: _____

4. confiar: _____

B. Busque una persona para formar pareja. Use las palabras claves que se indican a continuación y exprese con sus propias palabras las siete realidades de una experiencia con Dios. Háganlo en forma alterna. Usted dirá las afirmaciones 1, 3, 5 y 7; y su compañero dirá las 2, 4 y 6. Si el tiempo lo permite, háganlo a la inversa: usted dice los números pares y su compañero los números impares.

Primera persona: (1)La Obra de Dios; (3) Invitación; (5) Crisis de fe; (7) Obediencia.

Segunda persona: (2) Relación;(4) Dios habla; (6) Ajuste.

Unidad 12–Tiempo para compartir

Conversen en su grupo sobre:

- Una de las enseñanzas o porciones bíblicas más significativas de las lecciones de esta unidad, y su respuesta en oración a Dios. Escoja una de las páginas 205-206, 209, 212, 216-217 ó 218-219.
- Maneras en que ustedes puede estimular a otros creyentes al amor y a las buenas obras (p. 214).
- Los temas B hasta G en la página 218.
- Los temas H e I en la página 218, y por qué usted respondió como lo hizo.

Mi experiencia con Dios: Unidad 9

Juan 14.23
Respondió Jesús y le dijo: El que me ama, mi palabra guardará; y mi Padre le amará, y vendremos a él, y haremos morada con él.

Juan 14.23

Mi experiencia con Dios: Unidad 10

Romanos 12.5
Así nosotros, siendo muchos, somos un cuerpo en Cristo, y todos miembros los unos de los otros.

Romanos 12.5

Mi experiencia con Dios: Unidad 11

1 Juan 1.7
Pero si andamos en luz, como él está en luz, tenemos comunión unos con otros, y la sangre de Jesucristo su Hijo nos limpia de todo pecado.

1 Juan 1.7

Mi experiencia con Dios: Unidad 12

Hebreos 10.24,25
Y considerémonos unos a otros para estimularnos al amor y a las buenas obras; no dejando de congregarnos, como algunos tienen por costumbre, sino exhortándonos; y tanto más, cuanto veis que aquel día se acerca.

Hebreos 10.24,25

Mi experiencia con Dios: Unidad 5

Juan 8.47
El que es de Dios, las palabras de Dios oye; por esto no las oís vosotros, porque no sois de Dios.

Juan 8.47

Mi experiencia con Dios: Unidad 6

Juan 5.19
Respondió entonces Jesús, y les dijo: De cierto, de cierto os digo: No puede el Hijo hacer nada por sí mismo, sino lo que ve hacer al Padre; porque todo lo que el Padre hace, también lo hace el Hijo igualmente.

Juan 5.19

Mi experiencia con Dios: Unidad 7

Hebreos 11.6
Pero sin fe es imposible agradar a Dios; porque es necesario que el que se acerca a Dios crea que le hay, y que es galardonador de los que le buscan.

Hebreos 11.6

Mi experiencia con Dios: Unidad 8

Lucas 14.33
Así, pues, cualquiera de vosotros que no renuncia a todo lo que posee, no puede ser mi discípulo.

Lucas 14.33

Mi experiencia con Dios: Unidad 1

Juan 15.5
Yo soy la vid, vosotros los pámpanos; el que permanece en mí, y yo en él, éste lleva mucho fruto; porque separados de mí nada podéis hacer.

Juan 15.5

Mi experiencia con Dios: Unidad 2

Salmo 20.7
Éstos confían en carros, y aquéllos en caballos; mas nosotros del nombre de Jehová nuestro Dios tendremos memoria.

Salmo 20.7

Mi experiencia con Dios: Unidad 3

Mateo 22.37,38
Jesús le dijo: Amarás al Señor tu Dios con todo tu corazón, y con toda tu alma, y con toda tu mente. Éste es el primero y grande mandamiento.

Mateo 22.37,38

Mi experiencia con Dios: Unidad 4

Juan 14.21
El que tiene mis mandamientos, y los guarda, ése es el que me ama; y el que me ama, será amado por mi Padre, y yo le amaré, y me manifestaré a él.

Juan 14.21

ESCRITURAS PARA LA MEDITACIÓN

Las porciones bíblicas que siguen están relacionadas con los temas que se tratan en Mi experiencia con Dios. Les serán de gran significado durante este estudio, e incluso después de concluirlo. Estúdielas, medite en ellas, y si lo desea, subráyelas en su Biblia y apréndalas de memoria.

Números 14.35–Yo Jehová he hablado; así haré a toda esta multitud perversa.

Deuteronomio 4.7–Porque ¿qué nación grande hay que tenga dioses tan cercanos a ellos como lo está Jehová nuestro Dios en todo cuanto le pedimos?

Deuteronomio 4.29–Mas si desde allí buscares a Jehová tu Dios, lo hallarás, si lo buscares de todo tu corazón y de toda tu alma.

Deuteronomio 6.4-5–Oye, Israel: Jehová nuestro Dios, Jehová uno es. Y amarás a Jehová tu Dios de todo tu corazón, y de toda tu alma, y con todas tus fuerzas

Deuteronomio 11.26-28–He aquí yo pongo hoy delante de vosotros la bendición y la maldición: la bendición, si oyereis los mandamientos de Jehová vuestro Dios, que yo os prescribo hoy, y la maldición, si no oyereis los mandamientos de Jehová vuestro Dios, y os apartéis del camino que yo os ordeno hoy, para ir en pos de dioses ajenos que no habéis conocido.

Deuteronomio 30.19-20–A los cielos y a la tierra llamo por testigos hoy contra vosotros, que os he puesto delante la vida y la muerte, la bendición y la maldición; escoge, pues, la vida, para que vivas tú y tu descendencia; amando a Jehová tu Dios, atendiendo a su voz, y siguiéndole a él; porque él es la vida para ti, y prolongación de tus días; a fin de que habites sobre la tierra que juró Jehová a tus padres, Abraham, Isaac y Jacob, que les había de dar.

2 Crónicas 16.9–Porque los ojos de Jehová contemplan toda la tierra, para mostrar su poder a favor de los que tienen corazón perfecto para con él. Locamente has hecho en esto; porque de aquí en adelante habrá más guerra contra él.

Salmo 5.3–Oh Jehová, de mañana oirás mi voz; de mañana me presentaré delante de ti, y esperaré.

Salmo 25.4-5–Muéstrame, oh Jehová, tus caminos; enséñame tus sendas.

Salmo 33.11–El consejo de Jehová permanecerá para siempre; los pensamientos de su corazón por todas las generaciones.

Salmo 37.4-5–Deléitate asimismo en Jehová, y él te concederá las peticiones de tu corazón. Encomienda a Jehová tu camino, y confía en él; y él hará.

Salmo 37.7–Guarda silencio ante Jehová, y espera en él.

Salmo 40.8–El hacer tu voluntad, Dios mío, me ha agradado, y tu ley está en medio de mi corazón.

Salmo 42.1–Como el ciervo brama por las corrientes de las aguas, así clama por ti, oh Dios, el alma mía.

Salmo 63.1–Dios, Dios mío eres tú; de madrugada te buscaré; mi alma tiene sed de ti, mi carne te anhela, en tierra seca y árida donde no hay aguas.

Salmo 86.11–Enséñame, oh Jehová, tu camino; caminaré yo en tu verdad; afirma mi corazón para que tema tu nombre.

Salmo 126.5-6–Los que sembraron con lágrimas, con regocijo segarán. Irá andando y llorando el que lleva la preciosa semilla; mas volverá a venir con regocijo, trayendo sus gavillas.

Salmo 127.1–Si Jehová no edificare la casa, en vano trabajan los que la edifican; si Jehová no guardare la ciudad, en vano vela la guardia.

Proverbios 3.5-6–Fíate de Jehová de todo tu corazón, y no te apoyes en tu propia prudencia. Reconócelo en todos tus caminos, y él enderezará tus veredas.

Isaías 1.18-20–Venid luego, dice Jehová, y estemos a cuenta: si vuestros pecados fueren como la grana, como la nieve serán emblanquecidos; si fueren rojos como el carmesí, vendrán a ser como blanca lana. Si quisiereis y oyereis, comeréis el bien de la tierra; si no quisiereis y fuereis rebeldes, seréis consumidos a espada; porque la boca de Jehová lo ha dicho.

Isaías 14.24 –Jehová de los ejércitos juró diciendo: Ciertamente se hará de la manera en que lo he pensado, y será confirmado como lo he determinado.

Isaías 26.12–Jehová, tu nos darás paz, porque también hiciste en nosotros todas nuestras obras.

Isaías 30.1–¡Ay de los hijos que se apartan, dice Jehová, para tomar consejo, y no de mí; para cobijarse con cubierta, y no de mi espíritu, añadiendo pecado a pecado!

Isaías 31.1–¡Ay de los que descienden a Egipto por ayuda, y confían en caballos; y su esperanza ponen en carros, porque son muchos, y en jinetes, porque son valientes; y no miran al Santo de Israel, ni buscan a Jehová!

Isaías 40.31–Pero los que esperan a Jehová tendrán nuevas fuerzas; levantarán alas como las águilas; correrán, y no se cansarán; caminarán, y no se fatigarán.

Isaías 41.10–No temas, porque yo estoy contigo; no desmayes, porque yo soy tu Dios que te esfuerzo; siempre te ayudaré, siempre te sustentaré con la diestra de mi justicia.

Isaías 46.11–Yo hablé, y lo haré venir; lo he pensado y también lo haré.

Isaías 48.17–Yo soy Jehová Dios tuyo, que te enseña provechosamente, que te encamina por el camino que debes seguir.

Isaías 55.8-9–Porque mis pensamientos no son vuestros pensamientos, ni vuestros caminos mis caminos, dijo Jehová. Como son más altos los cielos que la tierra, así son mis caminos más altos que vuestros caminos, y mis pensamientos más que vuestros pensamientos.

Isaías 64.4–Ni nunca oyeron, ni oídos percibieron, ni ojo ha visto a Dios fuera de ti, que hiciese por el que en él espera.

Jeremías 17.5-7–Así ha dicho Jehová: Maldito el varón que confía en el hombre, y pone carne por su brazo, y su corazón se aparta de Jehová. Será como la retama en el desierto, y no verá cuando viene el bien, sino que morará en los sequedales en el desierto, en tierra despoblada y deshabitada. Bendito el varón que confía en Jehová, y cuya confianza es Jehová.

Jeremías 31.3–Jehová se manifestó a mí hace mucho tiempo, diciendo: Con amor eterno te he amado; por tanto, te prolongué mi misericordia.

Jeremías 33.3–Clama a mí, y yo te responderé, y te enseñaré cosas grandes y ocultas que tú no conoces.

Daniel 3.17–He aquí nuestro Dios a quien servimos puede librarnos del horno de fuego ardiendo; y de tu mano, oh rey, nos librará.

Amós 3.7–Porque no hará nada Jehová el Señor, sin que revele su secreto a sus siervos los profetas.

Zacarías 4.6–No con ejército, ni con fuerza, sino con mi Espíritu, ha dicho Jehová de los ejércitos.

Mateo 6.31-33–No os afanéis, pues, diciendo: ¿Qué comeremos, o qué beberemos, o qué vestiremos? Porque los gentiles buscan todas estas cosas; pero vuestro Padre celestial sabe que tenéis necesidad de todas estas cosas. Mas buscad primeramente el reino de Dios y su justicia, y todas estas cosas os serán añadidas.

Mateo 7.21-23–No todo el que me dice: Señor, Señor, entrará en el reino de los cielos, sino el que hace la voluntad de mi Padre que está en los cielos. Muchos me dirán en aquel día: Señor, Señor, ¿no profetizamos en tu nombre, y en tu nombre echamos fuera demonios, y en tu nombre hicimos muchos milagros? Y entonces les declararé: Nunca os conocí; apartaos de mí, hacedores de maldad.

Mateo 10.24-25–El discípulo no es más que su maestro, ni el siervo más que su señor. Bástale al discípulo ser como su maestro, y al siervo como su señor.

Mateo 10.39–El que halla su vida, la perderá; y el que pierde su vida por causa de mí, la hallará.

Mateo 25.21–Y su señor le dijo: Bien, buen siervo y fiel; sobre poco has sido fiel, sobre mucho te pondré; entra en el gozo de tu señor.

Marcos 9.23–Jesús le dijo: Si puedes creer, al que cree todo le es posible.

Lucas 6.46–¿Por qué me llamáis, Señor, Señor, y no hacéis lo que yo os digo?

Lucas 9.23-24–Y decía a todos: Si alguno quiere venir en pos de mí, niéguese a sí mismo, tome su cruz cada día, y sígame. Porque todo el que quiera salvar su vida, la perderá; y todo el que pierda su vida por causa de mí, éste la salvará.

Lucas 10.22–Todas las cosas me fueron entregadas por mi Padre; y nadie conoce quién es el Hijo sino el Padre; ni quién es el Padre, sino el Hijo, y aquel a quien el Hijo lo quiera revelar.

Lucas 11.28–Y él dijo: Antes bienaventurados los que oyen la palabra de Dios, y la guardan.

Juan 3.16–Porque de tal manera amó Dios al mundo, que ha dado a su Hijo unigénito, para que todo aquel que en él cree, no se pierda, mas tenga vida eterna.

Juan 6.44–Ninguno puede venir a mí, si el Padre que me envió no le trajere; y yo le resucitaré en el día postrero.

Juan 6.63–El espíritu es el que da vida; la carne para nada aprovecha; las palabras que yo os he hablado son espíritu y son vida.

Juan 6.65–Y dijo: Por eso os he dicho que ninguno puede venir a mí, si no le fuere dado del Padre

Juan 7.17–El que quiere hacer la voluntad de Dios, conocerá si la doctrina es de Dios, o si yo hablo por mi propia cuenta.

Juan 8.31-32–Dijo entonces Jesús a los judíos que habían creído en él: Si vosotros permaneciereis en mi palabra, seréis verdaderamente mis discípulos; y conoceréis la verdad, y la verdad os hará libres.

Juan 8.36–Así que, si el Hijo os libertare, seréis verdaderamente libres.

Juan 10.10–yo he venido para que tengan vida, y para que la tengan en abundancia.

Juan 12.26–Si alguno me sirve, sígame; y donde yo estuviere, allí también estará mi servidor. Si alguno me sirviere, mi Padre le honrará.

Juan 14.6–Jesús le dijo: Yo soy el camino, y la verdad y la vida; nadie viene al Padre, sino por mí.

Juan 14.26–Mas el consolador, el Espíritu Santo, a quien el Padre enviará en mi nombre, él os enseñará todas las cosas, y os recordará todo lo que yo os he dicho.

Juan 15.10–Si guardareis mis mandamientos, permaneceréis en mi amor; así como yo he guardado los mandamientos de mi Padre, y permanezco en su amor.

Juan 15.16–No me elegisteis vosotros a mí, sino que yo os elegí a vosotros, y os he puesto para que vayáis y llevéis fruto, y vuestro fruto permanezca; para que todo lo que pidiereis al Padre en mi nombre, él os lo dé.

Juan 16.8–Y cuando él venga, convencerá al mundo de pecado, de justicia y de juicio.

Juan 16.13–Pero cuando venga el Espíritu de verdad, él os guiará a toda la verdad; porque no hablará por su propia cuenta, sino que hablará todo lo que oyere, y os hará saber las cosas que habrán de venir.

Juan 17.3–Y esta es la vida eterna: que te conozcan a ti, el único Dios verdadero, y a Jesucristo, a quien has enviado.

Hechos 1.8–Pero recibiréis poder, cuando haya venido sobre vosotros el Espíritu Santo, y me seréis testigos en Jerusalén, en toda Judea, en Samaria, y hasta lo último de la tierra.

Romanos 8.26-27–Y de igual manera el Espíritu nos ayuda en nuestra debilidad; pues qué hemos de pedir como conviene, no lo sabemos, pero el Espíritu mismo intercede por nosotros con gemidos indecibles. Mas el que escudriña los corazones sabe cuál es la intención del Espíritu, porque conforme a la voluntad de Dios intercede por los santos.

Romanos 8.28–Y sabemos que a los que aman a Dios, todas las cosas les ayudan a bien, esto es, a los que conforme a su propósito son llamados.

Romanos 8.35,37–¿Quién nos separará del amor de Cristo? ¿Tribulación, o angustia, o persecución, o hambre, o desnudez, o peligro, o espada? Antes, en todas estas cosas somos más que vencedores por medio de aquel que nos amó.

1 Corintios 2.9–Antes bien, como está escrito: Cosas que ojo no vio, ni oído oyó, ni han subido en corazón de hombre, son las que Dios ha preparado para los que le aman.

1 Corintios 4.2–Ahora bien, se requiere de los administradores, que cada uno sea hallado fiel.

1 Corintios 15.10–Pero por la gracia de Dios soy lo que soy; y su gracia no ha sido en vano para conmigo, antes he trabajado más que todos ellos; pero no yo, sino la gracia de Dios conmigo.

2 Corintios 5.19–Que Dios estaba en Cristo reconciliado consigo al mundo, no tomándoles en cuenta a los hombres sus pecados, y nos encargó a nosotros la palabra de la reconciliación.

Gálatas 2.20–Con Cristo estoy juntamente crucificado, y ya no vivo yo, mas vive Cristo en mí; y lo que ahora vivo en la carne, lo vivo en la fe del Hijo de Dios, el cual me amó y se entregó a sí mismo por mí.

Gálatas 5.6–Porque en Cristo Jesús ni la circuncisión vale algo, ni la incircuncisión, sino la fe que obra por el amor.

Efesios 3.20-21–Y a Aquel que es poderoso para hacer las cosas mucho más abundantemente de lo que pedimos o entendemos, según el poder que actúa en nosotros, a él sea gloria en la iglesia en Cristo Jesús por todas las edades, por los siglos de los siglos. Amén.

Filipenses 2.13–Porque Dios es el que en vosotros produce así el querer como el hacer, por su buena voluntad.

Filipenses 3.8–Y ciertamente, aun estimo todas las cosas como pérdida por la excelencia del conocimiento de Cristo Jesús, mi Señor, por amor del cual lo he perdido todo, y lo tengo por basura, para ganar a Cristo.

Filipenses 3.10–A fin de conocerle, y el poder de su resurrección, y la participación de sus padecimientos, llegando a ser semejantes a él en su muerte.

Filipenses 4.13–Todo lo puedo en Cristo que me fortalece.

Filipenses 4.19–Mi Dios, pues, suplirá todo lo que os falta conforme a sus riquezas en gloria en Cristo Jesús.

Colosenses 2.8–Mirad que nadie os engañe por medio de filosofías y huecas sutilezas, según las tradiciones de los hombres, conforme a los rudimentos del mundo, y no según Cristo.

Colosenses 2.9-10–Porque en él habita corporalmente toda la plenitud de la Deidad, y vosotros estáis completos en él, que es la cabeza de todo principado y potestad.

Colosenses 3.4–Cuando Cristo, vuestra vida, se manifieste, entonces vosotros también seréis manifestados con él en gloria.

Filemón 6–Para que la participación de tu fe, sea eficaz en el conocimiento de todo el bien que está en vosotros por Cristo Jesús.

Hebreos 1.1-2–Dios, habiendo hablado muchas veces y de muchas maneras en otro tiempo a los padres por los profetas, en estos postreros días nos ha dicho por el Hijo, a quien constituyó heredero de todo, y por quien asimismo hizo el universo.

Hebreos 11.1–Es, pues, la fe la certeza de lo que se espera, la convicción de lo que no se ve.

Hebreos 13.8–Jesucristo es el mismo ayer, hoy, y por los siglos.

Santiago 1.3-4–Sabiendo que la prueba de nuestra fe produce paciencia. Mas tenga la paciencia su obra completa, para que seáis perfectos y cabales, sin que os falte cosa alguna.

Santiago 1.5–Y si alguno de vosotros tiene falta de sabiduría, pídala a Dios, el cual da a todos abundantemente y sin reproche, y le será dada.

Santiago 2.26–Porque como el cuerpo sin espíritu está muerto, así también la fe sin obras está muerta.

Santiago 4.8–Acercaos a Dios, y él se acercará a vosotros. Pecadores, limpiad las manos; y vosotros los de doble ánimo, purificad vuestros corazones.

1 Pedro 4.10–Cada uno según el don que ha recibido, minístrelo a los otros, como buenos administradores de la multiforme gracia de Dios.

1 Juan 3.16–En esto hemos conocido el amor, en que él puso su vida por nosotros; también nosotros debemos poner nuestras vidas por los hermanos.

1 Juan 4.9-10–En esto se mostró el amor de Dios para con nosotros, en que Dios envió a su Hijo unigénito al mundo, para que vivamos por él. En esto consiste el amor: no en que nosotros hayamos amado a Dios, sino que él nos amó a nosotros, y envió a su Hijo en propiciación por nuestros pecados.

¿CÓMO LLEVAR UN DIARIO ESPIRITUAL?

A través de todo este curso usted tendrá experiencias en su vida espiritual que querrá recordar luego. Cuando Dios le hable, escriba lo que le dice. También tendrá oportunidad de orar específicamente por los participantes de su grupo, y por su iglesia. Necesita un cuaderno, del tipo que prefiera. Las tareas que se asignan se dividen en cuatro grandes categorías. Si lo desea, puede escoger otras.

Las secciones en su diario espiritual deben incluir:

1. **Testimonios.** Esta sección es para anotaciones diarias acerca de lo que Dios está haciendo en su vida, en torno a ella, y por medio de ella y lo que usted aprende acerca de él y de los propósitos y los caminos de Dios.

2. **Repaso diario.** Al final de cada día de trabajo se le pedirá que repase la lección y que identifique la enseñanza o porción bíblica más significativa para usted, y luego su respuesta a Dios en oración. La lección del día tiene en su diario un espacio adicional para que escriba un resumen de lo que Dios le está diciendo a través de su Palabra, la oración, las circunstancias y la iglesia. También puede incluir un resumen de los ajustes que usted percibe que Dios quiere que haga, instrucciones que percibe que Dios lo está llamando a seguir, pasos de obediencia que debe tomar, y otras respuestas que Dios puede estar pidiéndole que haga.

3. **Repaso semanal.** Use las preguntas bajo el título "Repaso semanal" para repasar lo que Dios ha hecho durante la semana pasada. Aplique estas preguntas a su experiencia personal, y aliente a los participantes a hacer lo mismo.

4. **Peticiones de oración.** Esta sección se usará en cada sesión del grupo para escribir las peticiones y respuestas a la oración, de individuos y a la iglesia. Puede dividirse para incluir peticiones tales como:
   Peticiones personales
   Peticiones de los participantes del grupo
   Peticiones por mi iglesia
   Otras peticiones especiales

DIARIO ESPIRITUAL REPASO SEMANAL

Lleve un diario espiritual para recordar las cosas importantes que Dios le dice y las cosas que Él hace en su vida. Use cada semana las preguntas que siguen para repasar la actividad de Dios en su vida. Sólo debe responder a las preguntas que se apliquen a lo que Dios ha hecho o le ha revelado.

1. ¿Qué le ha revelado Dios acerca de sí mismo, su nombre, su carácter o su naturaleza?
2. ¿Qué le ha revelado Dios acerca de sus propósitos, su voluntad, sus planes, sus deseos, la manera en la que está obrando en torno suyo, las tareas que le ha asignado, sus metas y sus objetivos?
3. ¿Qué le ha revelado Dios acerca de sus caminos? ¿Cómo actúa, qué hace, cómo responde Él ante determinadas circunstancias, de qué personas se vale para hacer la obra, de qué manera involucra a las personas en su obra, de qué manera lleva a cabo sus propósitos?
4. ¿Qué ha hecho Dios en su vida o a través de ella, que le ha hecho experimentar su presencia?
5. ¿Qué porción bíblica ha usado Dios para hablarle acerca de sí mismo, sus propósitos y sus caminos?
6. ¿Qué persona o preocupación en particular le ha puesto Dios en su corazón como carga por la cual orar? ¿Acerca de qué le ha guiado Él a orar con respecto a esa persona o preocupación?
7. ¿Qué ha hecho Dios por medio de las circunstancias que le ha permitido percibir la ocasión apropiada de Dios o la dirección con respecto a algún aspecto de la voluntad de Él?
8. ¿Qué palabra de dirección o verdad percibe usted que Dios le ha hablado por medio de algún otro creyente?
9. ¿Qué ajuste quiere Dios que usted haga en su vida?
10. ¿Cómo ha obedecido usted a Dios en esta semana? ¿Cómo quiere Dios que usted lo obedezca?

EVALUACIÓN DEL ESTUDIO MI EXPERIENCIA CON DIOS

Discipulador del grupo: _____ **Fecha:** _____

A fin de ayudar al discipulador de su grupo a prepararse a dirigir el próximo grupo de estudio, haga la siguiente evaluación. Encierre en un círculo la letra que mejor describe el desempeño de su discipulador:

E = Excelente   B = Bueno   R = Regular   N = Necesita mejorar

E - B - R - N   Se esforzó por crear una atmósfera de amor cristiano y aceptación en el grupo

E - B - R - N   Estimuló la participación de todos en el grupo

E - B - R - N   Respaldó a los participantes del grupo

E - B - R - N   Se preparó adecuadamente para dirigir las sesiones

E - B - R - N   Mantuvo una actitud positiva

E - B - R - N   Demostró sensibilidad a la actividad del Espíritu Santo

Sus respuestas a las preguntas que siguen tienen la intención de ayudar al discipulador del grupo para que crezca en su habilidad de dirigir las sesiones en futuros grupos de estudio de Mi experiencia con Dios. Escríbalas aquí:

1. ¿Qué es lo que usted más aprecia del discipulador de su grupo?

_____

_____

2. ¿Qué sugerencia podría darle al discipulador de su grupo para mejorar el aprendizaje y la experiencia con otro grupo en el futuro?

_____

_____

_____

3. ¿Qué clase de actividades le resultaron más significativas durante las sesiones de grupo? ¿Por qué?

_____

_____

_____

4. ¿Qué clase de actividades le resultaron menos significativas? ¿Por qué?

_____

_____

_____

5. Si pudiera escoger sólo una cosa, ¿a qué le gustaría dedicar más tiempo durante las sesiones del grupo? (por ejemplo: orar unos por otros o escuchar testimonios) ¿Por qué?

_____
_____
_____
_____

6. ¿Qué cambios haría en el desarrollo de las sesiones? ¿Por qué?

_____
_____
_____
_____

7. ¿De qué manera lo ayudó este estudio a andar con el Señor?

_____
_____
_____
_____

8. ¿Qué percibe usted que Dios le ha revelado durante este estudio sobre lo que Él quiere hacer en su vida, o a través de ella, de aquí en adelante? (Mencione dos o tres aspectos.)

_____
_____
_____
_____

9. ¿Qué gran ajuste percibe usted que Dios lo está guiando a hacer a fin de unírsele en su obra?

_____
_____
_____
_____

10. ¿Cuál fue la experiencia más significativa, durante este estudio, de la obra y actividad de Dios en su vida? Explique qué hizo Dios.

_____
_____
_____
_____
_____
_____
_____

11. Escriba una oración a Dios por lo que Él ha hecho en su vida durante este estudio.

_____
_____
_____
_____

Hoja de Trabajo N°. 1: El ejemplo de Jesús

Mi Padre hasta ahora trabaja, y yo trabajo.

Respondió entonces Jesús, y les dijo: De cierto, de cierto os digo: No puede el Hijo hacer nada por sí mismo, sino lo que ve hacer al Padre; porque todo lo que el Padre hace, también lo hace el Hijo igualmente. Porque el Padre ama al Hijo, y le muestra todas las cosas que él hace; y mayores obras que estas le mostrará, de modo que vosotros os maravilléis.

Juan 5.17, 19-20

Lea Juan 5.17, 19-20 y responda a las preguntas que siguen:

1. ¿Quién está trabajando siempre?
2. ¿Cuánto puede hacer el Hijo por sí mismo? _____
3. ¿Qué hace el Hijo? _____
4. ¿Por qué el Padre le muestra al Hijo lo que está haciendo?

Esta es una de las afirmaciones más claras de cómo sabía Jesús lo que debía hacer. La manera en que Jesús conocía y hacía la voluntad de Dios se puede resumir de la siguiente forma:

El ejemplo de Jesús

- El Padre hasta ahora trabaja
- Ahora el Padre me tiene a mí trabajando
- Nada hago por mi propia iniciativa
- Observo para ver lo que el Padre está haciendo
- Hago Lo que yo veo que el Padre ya está haciendo
- Como pueden ver, el Padre me ama
- Él me muestra todo lo que Él mismo está haciendo

Hoja de Trabajo N°. 2: Las siete realidades de una experiencia con Dios

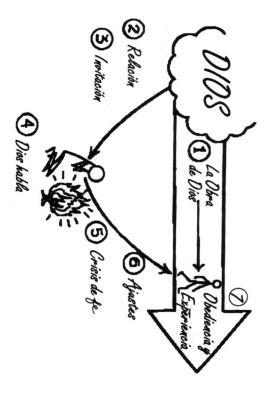

1. Dios siempre está trabajando alrededor de usted.
2. Dios busca una relación continua de amor con usted que sea real y personal.
3. Dios lo invita a unírsele en su obra.
4. Dios le habla por medio del Espíritu Santo, la Biblia, la oración, las circunstancias y la iglesia. Para revelarse a sí mismo, sus propósitos y sus caminos.
5. La invitación de Dios para que se una a Él en su trabajo siempre lo conduce a una crisis de fe que requiere confianza y acción.
6. Usted tiene que hacer grandes ajustes en su vida para unirse a Dios en lo que Él ya está haciendo.
7. Usted llega a conocer a Dios por medio de la experiencia que tiene cuando lo obedece y Él realiza su obra por medio de usted.

Sesión introductoria
INTRODUCCIÓN AL ESTUDIO MI EXPERIENCIA CON DIOS

METAS DE LA SESIÓN

Esta sesión ayudará a los participantes a:
- entender el método de estudio y cómo los beneficiará para profundizar su relación con Dios.
- comprender los requisitos que este estudio exige.
- demostrar un serio compromiso para completar este estudio y las exigencias de las sesiones de grupo.

ANTES DE LA SESIÓN

❏ 1. Prepárese espiritualmente para el estudio por medio de la oración. Pídale a Dios que traiga a la sesión a las personas que Él quiere que participen en este estudio.

❏ 2. Lea la sección "Durante la sesión". Adapte o prepare las actividades de modo que ayuden lo mejor posible a comprender el contenido, y estimular la participación.

❏ 3. Decida cuánto tiempo quiere asignarle a cada actividad. Escriba en el margen la hora en la que piensa que debe empezar cada actividad.

❏ 4. Consiga los siguientes materiales, así como cualquier otro recurso que usted necesite para las actividades que ha elegido:
- copias de las hojas de trabajo 1 y 2 (p. 24), una para cada participante.
- el cartelón de las siete realidades (p. 8).
- un cartelón con diez nombres (títulos o descripciones) de Dios tomado de las páginas 58 y 59 del libro del alumno. (Seleccione por lo menos uno que describa a Dios según su propia experiencia personal.)
- el cartelón para la memorización de las Escrituras (p. 8)
- una o más copias de una hoja de inscripción, con líneas para escribir el nombre, y a la derecha, cuatro columnas que indicarán las opciones que señalan en la sección "Durante la sesión".

❏ 5. Si ya tiene listo los cartelones de las unidades (p. 8), coloque en la pared uno por cada unidad, a fin de despertar más interés.

❏ 6. Opcional: Seleccione un himno, o canto, o música grabada para usarla en este momento. De ser posible consiga alguien que toque el piano o algún otro instrumento, o consiga una cinta grabada y una grabadora.

❏ 7. Lea con cuidado la descripción de las actividades de aprendizaje en la sección "Durante la sesión" e indique las secciones del contenido del libro de los participantes que explicará durante esta sesión. Estudie esas secciones. Si desea ayuda, busque y asígneles a una o dos personas las secciones correspondientes. Por ejemplo: podría pedirle a alguien que explique cómo la vida de Moisés es un ejemplo de las siete realidades de tener una experiencia con Dios.

❏ 8. Si todavía no leyó ni completó todos los preparativos indicados en la sección "Cómo guiar un grupo de estudio del curso Mi experiencia con Dios", hágalo antes de la sección introductoria.

❏ 9. Consiga voluntarios que ayuden a proveer un ligero refrigerio para el receso.

DURANTE LA SESIÓN

Actividades de apertura: 5 minutos

1. Salude a las personas a medida que vayan llegando. Entrégueles una copia de la hoja de trabajo N° 1, y pídales que la completen mientras llegan los demás.

2. Oración de apertura. Ore pidiendo a Dios que use esta sesión para que los participantes tengan una perspectiva de las maneras en que Él revela su voluntad, y guía a cada persona en la decisión de participar en el curso Mi experiencia con Dios.

Un vistazo al curso: 25-35 minutos

1. **Repaso de la hoja de trabajo Nº 1.** Revise brevemente las respuestas a la actividad de aprendizaje de la hoja de trabajo Nº 1: El ejemplo de Jesús.

2. **Las siete realidades.** Distribuya la hoja de trabajo Nº 2. Pida a los asistentes que lean las siete realidades y tracen un círculo alrededor de una palabra o frase clave en cada una. Explique brevemente cómo la experiencia de Moisés con Dios es un ejemplo de este modelo del trabajo de Dios por medio de las personas. Válgase de la explicación anterior, de las porciones bíblicas indicadas en las páginas 19-25 y del cartelón de las siete realidades para presentar la explicación de Moisés.

3. **Mi experiencia con Dios.** Exhiba el cartelón con algunos de los nombres, títulos o descripciones de Dios. Explique cómo se llega a conocer a Dios a través de la experiencia (p. 57). Describa la experiencia de Abraham, según Génesis 22.1-18 (p. 57 y 58) como ejemplo de alguien que llegó a conocer a Dios por medio de su experiencia personal. Dé un ejemplo de una experiencia propia. Luego pida a una o dos personas voluntarias que describan una experiencia en la cual llegaron a conocer a Dios según algunas de las descripciones que están en el cartelón.

4. **Vistazo al curso.** Indique al grupo las razones por las cuales usted decidió participar dirigiendo este curso. Luego lea la lista con los títulos de las unidades en la página del índice del libro del alumno. Explique que este no es un estudio como otros. No es un método de siete pasos fáciles para conocer la voluntad de Dios. El estudio está diseñado para ayudar a los participantes a lograr una relación en la cual podrán oír claramente a Dios hablándoles, reconocerán dónde está trabajando Dios, se le unirán en su obra y tendrán una experiencia en que Dios estará obrando por medio de ellos para realizar sus propósitos.

Requisitos del curso: 10 minutos

1. **Estudio y participación.** Use la información que se señala en la introducción (pp. 9-10) para explicar las exigencias del estudio individual, diario y la participación en las sesiones del grupo. Recalque que se espera que los participantes inviertan por lo menos 30 minutos cada día, durante cinco días a la semana para completar las tareas.

2. **Pacto del grupo.** Lea el texto del Pacto del grupo de estudio (p. 2). Cada persona que decida estudiar este curso deberá firmar dicho pacto.

3. **Tiempo y lugar.** Anuncie dónde se reunirá el grupo, o los grupos.

4. **Preguntas y respuestas.** Pregunte si alguien tiene alguna duda con respecto al estudio.

Período de decisión: 5 minutos

1. **Oración.** Pida a los asistentes que oren en silencio para que Dios les indique lo que deben hacer con respecto a este estudio. Concluya con una oración en voz alta.

2. **Inscripción.** Pase la hoja de inscripción que preparó, y pídale a cada persona presente que escriba su nombre, e indique su preferencia de acuerdo a las siguientes opciones: (1) Quiero matricularme para este grupo de estudio; (2) Por favor avíseme cuándo se ofrecerá nuevamente este estudio; (3) ¿Podrían ofrecer este estudio otro día y a otra hora? (Por favor indique el día y la hora); (4) No puedo participar en esta ocasión.

Cantos o música especial: 5 minutos

Música especial. Mientras las personas escriben sus nombres en la hoja de inscripción, entonen algunos cantos familiares o ponga la grabadora con algunos cantos que se relacionen con uno de los temas de estudio. Si ya ha seleccionado el canto lema, cántelo en este momento.

Receso: 10 minutos

Mencione que en el siguiente período distribuirá los materiales y dará instrucciones específicas a los que decidan participar en este estudio. Invite a todos para el refrigerio.

Preparándose para la próxima semana: 30 minutos

1. **Distribuya los materiales.** Empiece cobrando las cuotas, y dé a cada persona los siguientes materiales:
- Un ejemplar del libro *Mi experiencia con Dios: ¿Cómo conocer y hacer la voluntad de Dios?*
- Un cuaderno para el diario espiritual.
- Las tarjetas para la memorización de los pasajes bíblicos (p. 17) y la lista de porciones bíblicas para la meditación (opcional, pp. 18-20).

2. **Explique cuáles son los requisitos del estudio individual.** Use la unidad 1 como ejemplo. Repase con los participantes el proceso que seguirán para completar cada unidad de estudio.

- Indique el versículo para memorizar que está en la página 7. Use el cartelón para la memorización que preparó, e indique las sugerencias para ayudar en la memorización. Llame la atención a las tarjetas para la memorización que les entregó. Explique que pueden recortarlas y llevarlas en el bolsillo o en la cartera, y usarlas para repasar en cualquier ocasión.
- Mencione la introducción (pp. 9-10) y pídales que revisen la información al empezar el estudio (usted habrá cubierto la mayor parte de esta sesión).
- Explique que el contenido está dividido en cinco tareas diarias. Anime a los participantes a que estudien diariamente, de modo que tengan tiempo para cultivar una íntima comunión diaria con Dios.
- Explique la relación entre el contenido y las actividades de aprendizaje. Son las que se marcan con el símbolo en forma de sol y letra negrita. Por ejemplo: pídale a los participantes que abran los libros en la página 12 y vean cómo se completan las primeras preguntas.
- Explique que las dos primeras unidades dan un amplio vistazo de la manera en que Dios obra en las vidas de las personas. Las unidades 3-10 tratan en gran detalle cada una de las siete realidades de tener una experiencia con Dios. La repetición será uno de los métodos para ayudar a los participantes a recordar estas verdades bíblicas.
- Pídales que observen en las páginas 12-13 el repaso de cada día. Mencione que esta actividad diaria tiene el propósito de ayudarlos a escuchar lo que Dios estaría diciéndoles. Anímelos a que completen esta actividad todos los días.

3. Explique lo que es un diario espiritual. Distribuya las copias de las instrucciones sobre "Cómo llevar un diario espiritual" (p. 21). Describa la clase de información que se debe anotar en un diario espiritual, y cómo se puede dividir el cuaderno en varias categorías. Pídales que traigan sus diarios a cada sesión, junto con la Biblia y los libros de trabajo, pues los usarán todas las semanas.

Firma del pacto: 10 minutos

1. Prepare el pacto. Pídales que busquen en los libros del alumno la página con el pacto. Lean el pacto todos juntos. Dé oportunidad para el diálogo, y que se haga cualquier cambio o adición que los participantes deseen hacer. Procure que haya unanimidad en cuanto al pacto. Luego pida que anoten en sus propias copias los cambios que han decidido hacer. Pídales que escriban sus nombres.

2. Oración en cuanto a guardar el pacto. Tómense de las manos, y oren pidiéndole a Dios que lleve al grupo a una comunión más profunda con Él. Haga que cada persona eleve una oración de una sola frase pidiéndole a Dios fuerza y dirección para completar este estudio y a guardar este pacto que harán con los otros participantes del grupo.

3. Firma del pacto. Pídale a cada persona que firme en su propio libro, y luego que firme el pacto en los ejemplares de las demás personas.

Conclusión: 2-5 minutos

Exprese el entusiasmo que siente por el curso de estudio que han empezado. Luego, pídale a uno de los participantes que guíe al grupo en oración.

DESPUÉS DE LA SESIÓN

1. Escriba en su diario espiritual los nombres de las personas que decidieron inscribirse para participar, y las maneras en que usted podrá orar por cada una de ellas. Si percibe alguna necesidad especial en cuanto a alguna persona, anótela.

2. Hágase las siguientes preguntas:
- ¿Qué preparación espiritual o mental debo hacer para la próxima sesión, que tal vez me faltó esta semana?

_____
_____

- ¿Empecé y concluí la sesión a tiempo?

_____
_____

3. Guarde todos los cartelones para usarlos en las sesiones futuras, o en la sesión introductoria de un futuro grupo de estudio.

4. Dé a las personas de su iglesia la información que corresponda de la hoja de inscripción. Hable con el director del ministerio discipulador para que se haga todo el esfuerzo posible para proveer otro grupo de estudio para los que solicitaron tenerlo en un día diferente.

5. Si tiene más de diez personas inscritas, busque otro discipulador y divida el grupo.

6. Si necesita recursos adicionales, consígalos a la mayor brevedad.

LA VOLUNTAD DE DIOS Y SU VIDA

METAS DE APRENDIZAJE PARA LA SESIÓN

Esta sesión ayudará a los participantes a:
- recordar las siete realidades de tener una experiencia con Dios.
- reconocer el ejemplo de Jesús en cuanto a hacer la voluntad de Dios.
- identificar las maneras en que pueden orar por otros participantes del grupo.
- identificar y expresar la actividad de Dios en sus propias vidas.

ANTES DE LA SESIÓN

❏ **1.** Complete todas las actividades de aprendizaje en el libro de estudio de este curso.

❏ **2.** Haga una pausa y ore a Dios pidiendo su dirección al prepararse para la sesión del grupo de esta semana. Ore por cada uno de los participantes. Pídale a Dios que los ayude a ser más flexibles durante este curso, para que Él pueda transformar sus vidas y hacerlos instrumentos útiles en la obra de su reino.

❏ **3.** Lea la sección "Durante esta sesión". Seleccione las actividades que mejor se ajustan a las necesidades de su grupo. Adapte o busque otras actividades que piense que beneficiarán más al grupo.

❏ **4.** Decida cuánto tiempo asignará a cada actividad. Escriba al margen la hora en que usted planea empezar cada actividad (por ejemplo: coloque 6:15 al lado de "Repaso de la unidad"). Este horario lo ayudará a mantener un ritmo apropiado durante toda la sesión. Esté siempre listo para cambiar sus planes si el Espíritu Santo lo guía a usted, o al grupo, en otra dirección.

❏ **5.** Coloque las sillas en un círculo lo más estrecho posible.

❏ **6.** Prepare siete hojas y escriba en cada una solamente una de las siguientes citas bíblicas: Juan 7.16; Juan 8.28-29; Juan 10.37-38; Juan 12.40-50; Juan 14.10; Juan 17.8; Hechos 2.22.

❏ **7.** Consiga los siguientes materiales, así como cualquier otro que usted necesite para las actividades que usted mismo haya escogido hacer. Deberá tener listo:
- copias de la sección "Presentémonos" (p. 12); una por persona.
- copias de la "Prueba de repaso" para la unidad 1 (p. 12); una por persona.
- el cartelón para la memorización de los versículos bíblicos que usó en la sesión introductoria
- el cartelón de las siete realidades que usó en la sesión introductoria.

❏ **8.** Coloque en la pared o en cualquier lugar visible los cartelones de la unidad que preparó (p. 8).

❏ **9.** Opcional: Seleccione un himno o canto, o música grabada para usarlo con el grupo. Busque a alguien que toque el piano o algún otro instrumento, o traiga una grabadora. Si ha seleccionado un canto lema para usarlo durante el curso, prepárese para enseñarlo.

❏ **10.** Prepare un vistazo de un minuto de la unidad 2.

Nota: Recuerde que cada vez que pida que el grupo se divida en subgrupos, debe dar instrucciones claras al respecto. Si piensa que las personas necesitan ayuda, escriba las instrucciones en la pizarra o en un cartelón.

DURANTE LA SESIÓN

Actividades de apertura: 15 minutos

1. Salude a las personas a medida que llegan. Use esta primera actividad para que las personas se conozcan. Entrégueles una hoja con las indicaciones de la sección "Presentémonos" que están a continuación (y en 12), y pídales que la completen mientras llegan los demás:
a.   Mi nombre es...
b.   Mi dirección es...
c.   Mi números de teléfono de mi casa y del trabajo son...
d.   Lo que más me gusta de esta ciudad es...

e. Le entregué mi vida a Jesús como mi Señor y Salvador hace...

f. Algo interesante que ustedes tal vez no sepan de mí es...

g. Decidí participar en este curso acerca de cómo conocer y hacer la voluntad de Dios porque...

2. Prepare. A medida que algunos vayan concluyendo, deles a diferentes personas las hojas que preparó con las siete referencias de la Biblia. Pídale a cada una que busque la cita en su Biblia, y la tenga lista para leerla más tarde.

3. Presentémonos. (Subgrupos. Recuerde que estos son pequeños grupos de 3 ó 4 personas.) Pídale a cada persona que lea las respuestas del ejercicio correspondiente a las letras: a, d y e. Luego reúna al grupo entero y pídales que lean las respuestas del ejercicio correspondiente a las letras f y g. Recoja los papeles para poder anotar los nombres, direcciones y números telefónicos.

4. Oración de apertura. Después de que los participantes hayan tenido tiempo para conocerse, agradézcale a Dios por haber reunido a este grupo. Reconozca la presencia de Dios en medio de ustedes, y pídale al Espíritu Santo que sea su maestro durante la sesión. Ore para que el amor cristiano se derrame sobre cada uno de los participantes y para que haya unidad en el grupo durante las sesiones de este estudio.

Repaso de la unidad: 35 minutos

1. Prueba de repaso. Distribuya las copias de prueba de la unidad. Pídales a los participantes que la completen. Luego permítales revisar sus propias hojas. Dígales que habrá una pequeña prueba en cada unidad como la que está distribuyendo. Explíqueles que las pruebas tienen el simple propósito de repasar el material. Cada persona corregirá su propia prueba.

2. Las siete realidades. Pídales a los participantes que formen un círculo. Exhiba el cartelón con el diagrama de las siete realidades. Mencione las palabras claves para la primera realidad, pídale a alguien que la exprese en sus propias palabras. Haga lo mismo con las otras seis realidades.

3. Ejemplo de Jesús. Pídale a una persona que lea el resumen del ejemplo de Jesús en cuanto a obedecer la voluntad del Padre (pp. 14 y 15). Luego haga que lean las siete porciones bíblicas asignadas

anteriormente. Indique que tal vez algunos querrán subrayar estos pasajes en sus Biblias, o anotar las citas en sus libros, en la página 15. Luego haga preguntas y dialoguen sobre las respuestas:

a. ¿Quién hacía el trabajo que vemos en la vida de Jesús? ¿Era Jesús el que hacía su propio trabajo, o era Dios el Padre quien trabajaba por medio de Jesús?

b. ¿De quién eran las palabras de Jesús?

4. Preguntas y respuestas. Pida a algunos voluntarios que contesten las siguientes preguntas:

a. ¿Cuáles son las dos cosas que un siervo debe hacer para que Dios lo use? (pp. 16-17)

b. Según su opinión, ¿por qué le agrada a Dios realizar su obra por medio de personas "comunes"? (p. 25 y 1 Corintios 1.26-31).

Tiempo para compartir: 25 minutos

1. Memorización de la Escritura. (Parejas) Pídale a cada uno que repita Juan 15.5. Si alguno tiene dificultades en el aprendizaje del versículo, anímelo a que lo haga y siga las sugerencias que se dieron para ayudarlo en la memorización (p. 9). Pídale a cada persona que le diga a su pareja lo que Dios le enseñó esta semana mediante este versículo.

2. Lo más significativo. Pídales a los participantes que repasen las cinco enseñanzas o porciones bíblicas "más significativas" de la unidad (pp. 12, 15, 18, 21-22 y 25), y que identifiquen la enseñanza o porción bíblica individual que se destaca entre las cinco. Pídales a los participantes que: (a) lean la enseñanza o porción bíblica que más se destaca, (b) digan el porqué les parece la más significativa, y (c) digan cómo respondieron a Dios en oración.

3. Declaren las maravillosas obras de Dios. Este es el momento para compartir los testimonios. Coménteles: Si Dios ha hecho algo especial en su vida o por medio de ella esta semana pasada, cuéntenos brevemente lo que Dios ha hecho, para que así todos juntos podamos alabar al Señor.

4. Fijemos la atención en Dios. Pregunte: (a) ¿Qué aprendió en esta semana en cuanto a Dios, sus propósitos o sus caminos? (b) En respuesta a lo que Dios le ha enseñado, ¿qué cree usted que debe hacer?

Período de oración: 10 minutos

1. Peticiones y oración. (Subgrupos) Pídale a cada persona que le diga a los demás una manera específica en la que pueden orar por él o ella. Luego los otros del grupo orarán por esa petición específica. Entonces otra persona expresará su petición, y las demás orarán por ella, y así sucesivamente hasta que se haya orado por todos. Dígales que si alguien no quiere orar en voz alta, puede hacerlo en silencio. A medida que avanza el curso los participantes se sentirán con más confianza para orar en voz alta en los grupos pequeños.

2. Anoten las peticiones de oración. A medida que los grupos concluyen la oración, dígales: Ahora busquen en su diario espiritual la sección de peticiones de oración, y anoten aquellas que sientan que Dios los está guiando a hacer. Ore por estas personas de su grupo que tienen una necesidad en especial en esta semana.

Canto o música especial: 5 minutos

Música especial. Canten o ponga en la grabadora el canto o himno que se relacione con el tema de ser siervos o de seguir a Jesús.

Conclusión: 5 minutos

1. Esperemos en Dios. Responda a cualquier pregunta o inquietud que pudiera haber surgido durante la sesión. Pídale al grupo que ore por este asunto durante la semana, pídale a Dios que los guíe a encontrar la respuesta.

2. Vistazo a la unidad 2. Pídales a los participantes que pongan especial atención a la diferencia entre una vida centrada en el yo, y la vida centrada en Dios.

3. Oración. Pídales a los participantes que se pongan de pie y se tomen de las manos. Pídale a cada persona que eleve una oración de una sola frase comprometiéndose personalmente con Dios a perseverar hasta la conclusión de este curso. Explíqueles que si alguna persona no quiera orar en voz alta puede hacerlo en silencio, e indicarlo diciendo "Amén".

Después de la sesión

1. Anote en la sección de oración de su propio diario espiritual las maneras específicas en que puede orar por los participantes del grupo. ¿Percibe alguna necesidad de una persona en particular por la cual debe orar más intensamente? En ese caso, anótela también en su diario.

2. Hágase las siguientes preguntas, y escriba sus respuestas en las líneas impresas o en una hoja por separado:

* ¿Qué recursos necesito conseguir para el grupo? ¿Tiene cada uno su propio libro y su propio diario espiritual?

  _____
  _____

* ¿Qué preparación espiritual o mental debo hacer para la próxima sesión, que tal vez me faltó esta semana?

  _____
  _____

* ¿Quién necesita que lo anime a participar más en el diálogo? ¿Cuándo y cómo podré animarlos?

  _____
  _____

* ¿En qué punto respondí más apropiadamente a las necesidades de los participantes o a la dirección del Espíritu Santo?

  _____
  _____

* ¿Pude empezar y concluir a tiempo?

  _____
  _____

* ¿Quiénes necesitan que se les llame por teléfono durante la semana, para animarlos, orar con ellos, darles alguna instrucción, o consejo? ¿Cuándo los llamaré?

  _____
  _____

3. Si hay más de diez personas inscriptas, haga planes para dividir el grupo. Busque otro discipulador, preferiblemente entre los asistentes. Si no puede hallar otro discipulador, considere dividir el grupo y reunirse en otro día o a una hora diferente.

4. Lea toda la sección "Antes de la sesión" en la página que sigue, para tener una idea de la preparación que deba hacer para el próximo encuentro.

MIRAR A DIOS

METAS DE APRENDIZAJE PARA LA SESIÓN

Esta sesión ayudará a los participantes a:
- decir en sus propias palabras las siete realidades de tener una experiencia con Dios.
- definir la diferencia entre una vida centrada en el yo y una vida centrada en Dios, y dar un ejemplo bíblico de cada una.
- someter su voluntad al señorío de Cristo.

ANTES DE LA SESIÓN

❏ 1. Complete todas las actividades de aprendizaje en el libro del alumno.

❏ 2. Ore a Dios pidiendo su dirección al prepararse para la sesión del grupo de esta semana. Ore por cada uno de los participantes del grupo mencionándolos por los nombres.

❏ 3. Lea la sección "Durante la sesión". Seleccione las actividades que mejor se ajusten a las necesidades de aprendizaje de su grupo. Adapte o busque otras actividades que usted piense que servirán mejor para que su grupo logre el mayor beneficio de esta unidad de estudio.

❏ 4. Decida cuánto tiempo quiere asignarle a cada actividad. Escriba en el margen la hora en que planea empezar cada actividad (por ejemplo 6:15 junto a "Repaso de la unidad"). Este horario lo ayudará a mantener el ritmo apropiado durante toda la sesión. Esté siempre listo para cambiar sus planes si el Espíritu Santo lo guía a usted, o al grupo, en otra dirección.

❏ 5. Consiga los siguientes materiales, así como cualquier otro que usted necesite para las actividades que haya escogido:
- copias de la "Prueba de repaso" y de los temas para "Tiempo para compartir", de la unidad 2 (p. 12); una por persona.
- el cartelón de las siete realidades.

❏ 6. Asegúrese de que cada persona tenga su propio libro de trabajo y su diario espiritual. Si alguien no lo tiene, trate de conseguirlos antes de la próxima sesión. Asegúrese de que todo nuevo participante tenga estos materiales, y entienda que necesita completar las actividades de aprendizaje cada día, antes de la sesión semanal. Después de esta sesión no se debe admitir a ninguna persona más en este grupo de estudio.

❏ 7. Quite los cartelones de las sesiones previas, y guárdelos para usarlos en un futuro grupo de estudio de *Mi experiencia con Dios*. Coloque los cartelones que ha preparado para la unidad 2 (p. 8).

❏ 8. Prepare un vistazo de un minuto de la unidad 3.

DURANTE LA SESIÓN

Actividad de apertura: 15 minutos

1. Salude a las personas a medida que llegan. Deles una copia de la prueba de repaso de la unidad para que vayan llenándolas. Dígales que hagan la prueba, y que se aseguren de haber completado las actividades de aprendizaje que se tratarán en la sección "Tiempo para compartir".

2. Oración de apertura. Pídale a una persona que voluntariamente abra la sesión con una oración. Sugiera a todos que oren en silencio pidiéndole a Dios que los guíe a una vida más centrada en Él.

Repaso de la unidad: 35 minutos

1. Prueba de repaso. Repase, y discuta si es necesario, las respuestas a las preguntas de la prueba de repaso de la unidad. Recuérdeles que todas las semanas habrá una evaluación de la unidad. Anímelos a completar todas las actividades de aprendizaje de la unidad antes de la sesión semanal, a fin de que puedan participar activamente en el diálogo y en las ocasiones de compartir.

2. Las siete realidades. Use el cartelón con el diagrama de las siete realidades, repáselas. Pida a los participantes que las digan en sus propias palabras. Si tienen dificultades con alguna, indíqueles las palabras claves para ayudarlos.

3. Preguntas y respuestas. Pídales a algunos voluntarios que contesten las siguientes preguntas:

a. ¿Cuál es la diferencia entre la vida centrada en uno mismo y la vida centrada en Dios?

b. ¿De qué manera es el rey Asa un ejemplo de ambas formas de vivir? (p. 28).

c. ¿Cómo buscaba Jorge Mueller la dirección de Dios para su vida? (p. 33-34).

d. ¿Cómo hablaba Dios en los tiempos del Antiguo Testamento? ¿Cómo lo hacía en los tiempos de Jesús? (p. 36).

e. ¿Cómo habla Dios en nuestros días? (p. 36).

f. ¿Cuál es la clave para conocer la voz de Dios? (p. 37).

4. Discusión del cartelón. Dirija la atención a las afirmaciones de los cartelones de las unidades que ha exhibido. Lea cada frase y pida a los participantes que hagan comentarios sobre lo que esas afirmaciones significan para ellos. Pregúnteles qué clase de ajustes necesitarían hacer en sus vidas para relacionarse directamente con Dios.

Tiempo para compartir: 25 minutos

1. Memorización de la Escritura. (Parejas) Pídale a cada uno de los participantes que le repita al otro el Salmo 20.7 y viceversa, y que indique lo que Dios le haya dicho en esta semana mediante este versículo.

2. Respuestas escritas. (Subgrupos) Pídales a los participantes que usen "Tiempo para compartir" que se indican en la prueba de repaso y las siguientes actividades de aprendizaje de sus libros, para discutir y conversar sobre las respuestas que han dado.

- Las preguntas en cuanto al juicio de Dios en la página 31.
- Las cuatro preguntas sobre el señorío y el desarrollo del carácter, en la página 40.
- Una de las enseñanzas o Escrituras seleccionada como la más significativa en las lecciones de esta unidad, así como su respuesta a Dios en oración. Escoja una de las páginas 28-29, 32, 35, 38 ó 41. Si el tiempo lo permite, seleccione otra más para el diálogo y su discusión.

3. Fijemos la atención en Dios. Pregunte: (a) ¿Qué ha llegado usted a conocer en esta semana en cuanto a Dios, sus propósitos o sus caminos?

(b) ¿Qué percibe que Dios quiere que usted haga en respuesta a lo que Él le ha enseñado?

4. Declaren las maravillosas obras de Dios. Éste es el momento para compartir los testimonios. Diga: Si Dios ha hecho algo especial en su vida o por medio de ella esta semana pasada, cuéntelo brevemente, para que así todos juntos podamos alabar al Señor.

Período de oración: 10 minutos

1. Peticiones y oración. (Subgrupos) Pida que abran sus diarios espirituales en la sección de oración, y se preparen para anotar las peticiones de oración que se indicarán en la actividad que sigue.

2. Peticiones y oración. Pídale a cada persona que mencione en una frase una petición específica de oración. La petición puede relacionarse a la persona misma como individuo, a su familia, la iglesia, el trabajo, algún amigo o pariente. Sugiera que alguna de las peticiones pueden referirse a inquietudes espirituales que pueden haber surgido durante el estudio de esta semana. Después de que cada persona haya indicado su petición, pida a los participantes que oren en forma conversacional por las necesidades que han presentado los demás.

Conclusión: 10 minutos

1. Esperemos en Dios. Repase cualquier pregunta o inquietud que pudiera haber surgido durante la sesión. Pida al grupo que durante la semana oren por este asunto, y pidan a Dios que los guíe a encontrar la respuesta.

2. Vistazo a la unidad 3. Pídales a los participantes que pongan especial atención a la tarea que se asigna en el día 3 sobre la adoración, y que reserven suficiente tiempo para su "caminata con Dios".

3. Oración. Pídales a los participantes que se pongan de pie y se tomen de las manos. Pídale a una persona que guíe al grupo en oración para que todos se comprometan a acudir siempre a Dios en busca de instrucciones para el trabajo de su reino.

DESPUÉS DE LA SESIÓN

1. Anote en la sección de oración de su propio diario espiritual las maneras específicas en que puede orar por los participantes del grupo.

¿Percibe alguna necesidad de alguna persona en particular por la cual debe orar más intensamente? En ese caso, anótela también en su diario. Incluya también cualquier preocupación especial que pudiera haber surgido en cuanto a su iglesia. Ore por estas peticiones durante la semana que viene.

2. Hágase las siguientes preguntas, y anote sus respuestas en las líneas impresas o en una hoja por separado:

- ¿Necesito conseguir algún recurso o material adicional para los participantes?

  _____

  _____

- ¿Qué preparación espiritual o mental debo hacer para la próxima sesión, que tal vez me faltó esta semana?

  _____

  _____

- ¿Quién necesita que lo anime a participar más en el diálogo? ¿Cuándo y cómo podré animarlo?

  _____

  _____

- ¿En qué punto pude haber respondido más apropiadamente a las necesidades de los participantes o a la dirección del Espíritu Santo?

  _____

  _____

- ¿Pude empezar y concluir a tiempo? ¿Por qué?

  _____

  _____

- ¿Quiénes necesitan que se les llame por teléfono durante la semana para animarlos, orar con ellos, darles alguna instrucción, o consejo? ¿Cuándo los llamaré?

  _____

  _____

3. Reserve un tiempo mañana o pasado mañana para analizar la evaluación de Dios acerca del liderazgo del grupo. ¿Está permitiéndole a Él que lo dirija? ¿Está confiando en que Él hará las cosas espirituales que solo Él puede hacer, o está usted tratando de apurar una respuesta según su propio criterio? ¿Ve usted la actividad de Dios en la vida de los participantes?

Luego dedique un tiempo para agradecerle a Dios por el privilegio de ser su siervo.

4. Lea toda la sección "Antes de la sesión" en la página que sigue para tener una idea de la preparación que debe hacer para el próximo encuentro.

DIOS BUSCA UNA RELACIÓN DE AMOR

METAS DE APRENDIZAJE PARA LA SESIÓN

Esta sesión ayudará a los participantes a:
- mencionar las dos primeras de las siete realidades de tener una experiencia con Dios.
- identificar algunos ejemplos bíblicos en donde la relación con Dios fue real, personal y práctica.
- identificar y expresar verbalmente algunas ocasiones en sus propias vidas en donde su experiencia con Dios fue real, personal y práctica.

ANTES DE LA SESIÓN

❑ 1. Complete todas las actividades de aprendizaje en el libro del alumno.

❑ 2. Ore a Dios pidiendo su dirección al prepararse para la sesión del grupo de esta semana. Ore por cada uno de los participantes mencionándolos por sus nombres.

❑ 3. Lea la sesión "Durante la sesión". Seleccione las actividades que mejor se ajustan a las necesidades de aprendizaje de su grupo. Adapte o busque otras actividades que servirían mejor para que su grupo logre el mayor beneficio de esta unidad de estudio.

❑ 4. Designe cuánto tiempo tomará para cada actividad. Escriba en el margen la hora para indicar el momento en que planea. Esté siempre listo para cambiar sus planes si el Espíritu Santo lo guía a usted, o al grupo, en otra dirección.

❑ 5. Consiga los siguientes materiales, así como cualquier otro que usted necesite para las actividades que haya decidido hacer:
• copias de la prueba de repaso y de los temas para "Tiempo para compartir" de la unidad 3 (p. 12); una por persona.
• el cartelón de las siete realidades.

❑ 6. Retire los cartelones de las sesiones previas, y guárdelos para usarlos en el futuro. Coloque los cartelones que ha preparado para la unidad 3 (p. 8).

❑ 7. Opcional: Seleccione un himno o canto, o música grabada para usarlo con el grupo. Busque a alguien que toque el piano o algún instrumento o traiga una grabadora.

❑ 8. Prepare un vistazo de un minuto de la unidad 4.

DURANTE LA SESIÓN

Actividades de apertura: 15 minutos

1. **Salude a las personas** a medida que llegan. Deles una copia de la prueba de repaso de la unidad, para que vayan llenándolas. Pídales que hagan la prueba y que se aseguren de haber completado las actividades de aprendizaje que se tratarán en la sección "Tiempo para compartir".

2. **Oración de apertura.** Pídale a cada participante que diga una razón para alabar a Dios, darle gracias y adorarlo por lo que Él es y por lo que ha hecho. Concluya con una oración pidiendo la dirección de Dios durante la sesión.

Repaso de la unidad: 35 minutos

1. **Prueba de repaso.** Repase las respuestas de las preguntas A y B de la prueba de repaso de la unidad. Use preguntas como las que siguen:
- ¿Qué ha logrado en Cristo? (¿Qué progreso ha hecho usted en su vida de creyente?)
- ¿Cómo influye esto en su vida hoy?
- ¿Por qué Pablo desacreditaba su pasado?
- ¿Puede un ser humano alguna vez tomar la iniciativa para tratar de establecer una relación de amor con Dios? ¿Por qué dice que sí? ¿Por qué dice que no?

(Nota: Siempre que una persona empieza a buscar a Dios, es porque Dios la está atrayendo a Él. Nadie busca a Dios por iniciativa propia. Vea el día 4, página 63).

2. **Las siete realidades.** (Parejas) Pídales a los participantes que se dividan en parejas, y que cada uno le diga al otro las dos primeras realidades de tener una experiencia con Dios. Si necesitan ayuda, indíqueles las palabras claves: trabajo y relación.

3. Preguntas y respuestas. Pídales a algunos voluntarios que contesten las siguientes preguntas:

a. ¿Cuáles son algunas de las maneras en que Dios ha demostrado su amor para con nosotros? (p. 56).

b. ¿Cómo podemos demostrar nuestro amor a Dios? (p. 56).

c. ¿Cuáles son algunos ejemplos bíblicos en donde una relación con Dios fue real, personal y práctica? (pp. 66-67).

4. Discusión del cartelón. Dirija la atención a las afirmaciones escritas en los cartelones de las unidades que ha colocado. Lea cada frase y pídales a los participantes que hagan comentarios sobre lo que esas afirmaciones significan para ellos. Pregúnteles qué clase de ajustes necesitarán hacer en sus vidas para relacionarse correctamente con Dios.

Tiempo para compartir: 25 minutos

1. Memorización de la Escritura. (Parejas) Pídale a cada uno que le repita al otro Mateo 22.37-38, y que indique lo que Dios le haya dicho esta semana mediante este versículo.

2. Respuestas escritas. (Subgrupos) Pídales a los participantes que usen las siguientes actividades de aprendizaje de sus libros para discutir y dialogar sobre las respuestas que han dado. Los temas también se indican en el cuadro "Tiempo para compartir" que se halla en la hoja de la prueba de repaso de la unidad.

- Las cosas en las cuales usted está invirtiendo su vida, tiempo, recursos, y los ajustes que Dios quiere que haga (p. 48).
- Las razones por las cuales usted sabe que Dios lo ama (p. 51).
- Una experiencia en la cual Dios fue real, personal y práctico en su relación con usted (p. 54).
- Una (o más si el tiempo lo permite) de las enseñanzas o porciones bíblicas seleccionada como la más significativa en las lecciones de esta unidad, así como su respuesta a Dios en oración. Escoja una de las páginas 48, 50, 52 ó 55.

3. Fijemos la atención en Dios. *Pregunte: (a) ¿Qué ha llegado usted a conocer en esta semana en cuanto a Dios, sus propósitos o sus caminos? (b) ¿Qué percibe usted que Dios quiere que haga en respuesta a lo que Él le ha enseñado?*

4. Una caminata con Dios. *Dé la oportunidad para que algunas personas voluntariamente indiquen lo que experimentaron al dar su caminata con Dios (p. 49). Empiece relatando brevemente su propia experiencia, a fin de que sirva como ejemplo.*

5. Declaren las maravillosas obras de Dios. Éste es el momento para compartir los testimonios. Diga: Si Dios ha hecho algo especial en su vida o por medio de ella esta semana pasada, cuéntelo brevemente, para que así todos juntos podamos alabar al Señor.

Período de oración: 10 minutos

1. Ore con el Salmo 103. Pídales que busquen en sus Biblias el Salmo 103. Como una expresión de gratitud a Dios por su amor, hágales leer este salmo en voz alta. Recuérdeles que bendecir al Señor mediante esta lectura puede ser una forma de adoración y alabanza. Sugiera que una persona lea un versículo, luego otra lea el siguiente, y así sucesivamente hasta que lo hayan leído todo.

2. Expresemos el amor a Dios. (Subgrupos) Pídales que se dividan en grupos de a cuatro, y que usen el resto del tiempo para expresar en oración su amor a Dios. La oración debe contener sólo expresiones de alabanza, adoración, acción de gracias o consagración, y no peticiones.

Cantos o música especial: 5 minutos

Música especial. Canten o ponga en la grabadora un canto o un himno que se relacione con el amor de Dios. Si el tiempo lo permite, pídales que mencionen un canto favorito referente al amor de Dios, y cántenlo.

Conclusión: 10 minutos

1. Esperemos en Dios. Repase cualquier pregunta o inquietud que pudiera haber surgido durante la sesión. Pida al grupo que durante la semana oren por este asunto, y le pidan a Dios que los guíe a encontrar la respuesta.

2. Vistazo a la unidad 4. Pídales a los participantes que pongan atención especial a la manera en que Dios le revela su invitación para que se unan a Él en su trabajo.

3. Oración. (Individual) Pídales que cada uno se arrodille al lado de su silla y pasen unos minutos confesándose con Dios en privado. Pidan perdón, o pidan sanidad de heridas emocionales del pasado, o pidan ayuda por cualquier problema o situación que tengan que enfrentar.

Concluyan la sesión elevando oraciones de alabanza al Señor, y orando por los otros participantes del grupo.

DESPUÉS DE LA SESIÓN

1. Anote en la sección de oración de su propio diario espiritual las maneras específicas en que puede orar por los participantes del grupo. ¿Percibe alguna necesidad de alguien en particular por la cual debe orar más intensamente? En ese caso, anótela también en su diario. Incluya también cualquier preocupación especial que pudiera haber surgido en cuanto a su iglesia. Ore por estas peticiones durante la semana que viene.

2. Hágase las siguientes preguntas, y anote sus respuestas en las líneas impresas o en una hoja por separado:

- ¿Qué preparación espiritual o mental debo hacer para la próxima sesión, que tal vez me faltó esta semana?

  _____

  _____

- ¿Quién necesita que lo anime a participar más en el diálogo? ¿Cuándo y cómo podré animarlo?

  _____

  _____

- ¿En qué punto pude haber respondido más apropiadamente a las necesidades de los participantes o a la dirección del Espíritu Santo?

  _____

  _____

- ¿Pude empezar y concluir a tiempo? ¿Por qué?

  _____

  _____

- ¿Quiénes necesitan alguna ayuda durante la semana? ¿Cuándo podría reunirme con ellos o hacerles una breve visita?

  _____

  _____

3. Si algunos fueron impactados espiritualmente en forma especial durante esta sesión, pregúntese: ¿Recibió esa persona ayuda apropiada en ese momento? Si percibe que alguna persona necesita ayuda adicional, haga planes para ministrarla, o busque alguien que pueda hacerlo.

4. Lea toda la sección "Antes de la sesión" en la página que sigue para tener una idea de la preparación que debe hacer para el próximo encuentro.

LA INVITACIÓN DE DIOS Y EL AMOR

METAS DE APRENDIZAJE PARA LA SESIÓN

Esta sesión ayudará a los participantes a:
- mencionar tres verdades acerca de la naturaleza de Dios relacionadas con su vida de creyente.
- describir la manera en que un ser humano llega a conocer a Dios en forma íntima y personal.
- reconocer la iniciativa y la actividad de Dios en torno a su vida.
- adorar a Dios mediante la oración y el testimonio.

ANTES DE LA SESIÓN

❏ 1. Complete todas las actividades de aprendizaje en el libro del alumno.

❏ 2. Ore a Dios pidiendo su dirección al prepararse para la sesión del grupo de esta semana. Ore por cada uno de los participantes del grupo mencionando sus nombres.

❏ 3. Lea la sección "Durante la sesión". Seleccione las actividades que mejor se ajustan a las necesidades de aprendizaje de su grupo. Adapte o busque otras actividades si le parece más apropiado.

❏ 4. Decida cuánto tiempo le asignará a cada actividad. Escriba en el margen la hora en que usted planea empezar cada actividad. Esté siempre listo para cambiar sus planes si el Espíritu Santo lo guía a usted, o al grupo, en otra dirección.

❏ 5. Tenga listos los materiales que necesitará, como por ejemplo:
- copias de la "Prueba de repaso" y de los temas de la sección "Tiempo para compartir" (p. 13, una para cada participante).
- el cartelón de las siete realidades.

❏ 6. Retire los cartelones de las sesiones previas, y guárdelos para usarlos en el futuro con algún otro grupo. Coloque los cartelones que ha preparado para la unidad 4 (p. 8).

❏ 7. Opcional: Seleccione un himno o canto, o música grabada para usarlo con el grupo. Busque a alguien que toque el piano o algún otro instrumento, o traiga una grabadora. Si ha seleccionado un canto lema para usarlo durante el curso, prepárese para enseñarlo.

❏ 8. Prepare un vistazo de un minuto de la unidad 5.

❏ 9. Lea la información de las páginas 5 a la 11 de este manual. Preste atención a las sugerencias que se dan en cuanto al liderazgo espiritual del grupo. Continúe revisando estas páginas de vez en cuando para mantenerlas frescas en su mente.

DURANTE LA SESIÓN

Actividades de apertura: 15 minutos

1. Salude a las personas a medida que llegan. Entrégueles una copia de la "Prueba de repaso" para esta unidad. Pídales que completen la prueba y se aseguren de tener todas las actividades de aprendizaje del libro del alumno, sobre todo las que corresponden a la sección "Tiempo para compartir" en la hoja que se les acaba de entregar.

2. Oración de apertura. Pídale a cada participante que piense en un nombre por el cual ha llegado a conocer a Dios por experiencia propia. Pídale a cada persona que eleve una oración de una sola frase agradeciéndole a Dios por habérsele revelado como un Dios vivo y personal.

Repaso de la unidad: 35 minutos

1. Prueba de repaso. Repase y discuta, si es necesario, las respuestas a las actividades de la prueba de repaso de la unidad. Pídales a los participantes que indiquen cómo se sintieron al estudiar las tres verdades de Dios que se describen en la actividad "A" de la prueba.

2. Preguntas y respuestas. Pídales a algunos voluntarios que contesten las siguientes preguntas:

a. ¿Cómo llega usted a conocer a Dios personal e íntimamente? (pp. 58 y 59)
b. ¿Cuáles son algunas de las muchas maneras en que podemos adorar a Dios mediante sus nombres? (pp. 58 y 59)
c. ¿Cuál es el propósito de los mandamientos de Dios? (p. 63)
d. ¿Cómo conocía Jesús la voluntad de su Padre? (p. 65)
e. ¿Cuáles son los dos factores importantes para que usted reconozca la actividad de Dios en torno suyo? (p. 66)
f. ¿Cuáles son algunas de las acciones en las que usted puede ver si Dios está obrando en una situación dada? (p. 70)
g. ¿Cuándo habla Dios? (pp. 70 y 71)
h. ¿Qué cosa garantiza Dios cuando Él toma la iniciativa de realizar algo por medio de un individuo o una iglesia? (p. 71)

3. Discusión del cartelón. Dirija la atención a las afirmaciones que constan en los cartelones de las unidades que ha colocado. Lea cada frase y pídales a los participantes que comenten lo que significa para ellos dichas afirmaciones. Pregúnteles qué clase de ajustes necesitarían hacer en sus vidas para relacionarse correctamente con Dios.

4. Las siete realidades. (Parejas) Pídale al grupo que se divida en parejas, y que cada uno le diga a la otra persona las primeras tres realidades de tener una experiencia con Dios.

Tiempo para de compartir: 25 minutos

1. Memorización de la Escritura. (Subgrupos) Pídale a cada uno que repita Juan 14.21 por turno. Luego, indiquen lo que Dios le enseñó esta semana mediante este versículo.

2. Declaren las maravillosas obras de Dios. Este es el momento de compartir los testimonios. Dígales: Si Dios ha hecho algo especial en su vida o por medio de ella en esta semana, cuéntelo brevemente, para que así todos juntos podamos alabar al Señor.

3. Fijemos la atención en Dios. Pregunte: (a) ¿Qué ha llegado usted a conocer en esta semana en cuanto a Dios, sus propósitos o sus caminos? (b) ¿Qué percibe usted que Dios quiere que haga en respuesta a lo que Él le ha enseñado?

4. Respuestas escritas. (Subgrupos) Pídales a los participantes que usen las siguientes actividades de aprendizaje de sus libros para discutir y dialogar sobre las respuestas que han dado. Los temas también se indican en el cuadro "Tiempo para compartir" que se halla en la hoja de la prueba de repaso de la unidad.
- Algún suceso por medio del cuál usted llegó a conocer a Dios por experiencia, y el nombre que describe a Dios en esa experiencia (p. 58 y 59).
- ¿Qué fue lo que pensó, sintió o experimentó durante su período de adoración en el día 2? (p. 61).

5. Trabajo en subgrupos. Comparta con los participantes:
- Las ideas que usted tenga en cuanto a cómo reconocer la actividad de Dios a su alrededor (p. 70).
- Una de las enseñanzas o porciones bíblicas más significativas de las lecciones de esta unidad, y su respuesta en oración a Dios. Escoja una de las páginas 59, 63-64, 67 ó 71.

Período de oración: 10 minutos
1. Peticiones y oración. (Subgrupos) Pídales a los participantes que busquen la lista de los nombres, títulos y descripciones de Dios que se halla en las páginas 58 y 59 del libro del alumno, y que identifiquen un nombre por medio del cual quisieran o necesitarían conocer más a Dios. Pídales luego que indiquen a los demás ese nombre, y la razón por la cual piensan que necesitan conocer a Dios en esta semana. Por ejemplo, una persona puede decir: "Mis padres se divorciaron cuando yo era pequeño y nunca conocí a mi padre. Siento una gran necesidad de llegar a conocer a Dios como un Padre celestial amoroso". Después de que los participantes hayan indicado la necesidad que perciben, oren por cada una de ellas.

2. Anoten las peticiones de oración. A medida que los grupos concluyen la oración, dígales: Ahora busquen en su diario espiritual la sección de peticiones de oración, y anoten aquellas que sientan que Dios los está guiando a hacer. Ore por estas personas de su grupo que tienen una necesidad en especial en esta semana.

Conclusión: 10 minutos

1. Esperemos en Dios. Responda a cualquier pregunta o inquietud que pudiera haber surgido durante la sesión. Pídale al grupo que ore por este asunto durante la semana, pídale a Dios que los guíe a encontrar la respuesta.

2. Vistazo a la unidad 5. Pídales a los participantes que pongan especial atención a la manera en que Dios les habla esta semana por medio de la Biblia y la oración.

3. Oración. Si su grupo no tiene dificultad con formas diferentes de adoración, sugiérales que sigan el ejemplo del salmista, poniéndose de pie, con los ojos mirando hacia el cielo, levantando las manos con las palmas hacia arriba y en el nombre del Señor. Eleve una oración de alabanza a Dios por su gran amor, y de sumisión a su voluntad y sus propósitos.

Después de la sesión

1. Anote en la sección de oración de su propio diario espiritual las maneras específicas en que puede orar por los participantes del grupo. ¿Percibe alguna necesidad de una persona en particular por la cual debe orar más intensamente? En ese caso, anótela también en su diario.

2. Hágase las siguientes preguntas, y escriba sus respuestas en las líneas impresas o en una hoja por separado:

- ¿Qué preparación espiritual o mental debo hacer para la próxima sesión, que tal vez me faltó esta semana?

  _____
  _____

- ¿Quién necesita que lo anime a participar más en el diálogo? ¿Cuándo y cómo podré animarlos?

  _____
  _____

- ¿En qué punto respondí más apropiadamente a las necesidades de los participantes o a la dirección del Espíritu Santo?

  _____
  _____

- ¿Pude empezar y concluir a tiempo?

  _____
  _____

- ¿Quiénes necesitan que se les llame por teléfono durante la semana para animarlos, orar con ellos, darles alguna instrucción o consejo? ¿Cuándo los llamaré?

  _____
  _____

3. Si los participantes del grupo han expresado algunas experiencias significativas o inspiradoras, trate de hacer un breve resumen de ellas, o pídales a los mismos participantes que las preparen por escrito. Estos datos pueden servir como registro para la experiencia del grupo. También se pueda dar la oportunidad de contar a otras personas algunas de las maravillosas obras de Dios. Anote a continuación los nombres de algunas personas que han relatado una experiencia inspiradora de la actividad de Dios en sus vidas.

_____
_____

4. Lea toda la sección "Antes de la sesión" en la página que sigue, para tener una idea de la preparación que deba hacer para el próximo encuentro.

DIOS HABLA. PARTE 1

METAS DE APRENDIZAJE PARA LA SESIÓN

Esta sesión ayudará a los participantes a:
- identificar tres de los cuatro factores importantes en cuanto a la manera en que Dios hablaba en los tiempos del Antiguo Testamento.
- identificar las razones por las cuales Dios se revela a sí mismo, sus propósitos y sus caminos.
- explicar cómo Dios habla por medio de la Biblia y la oración.
- demostrar interés por otra persona del grupo, orando por el mayor desafío espiritual que la persona enfrenta.

ANTES DE LA SESIÓN

❏ 1. Complete todas las actividades de aprendizaje en el libro del alumno.

❏ 2. Ore a Dios pidiendo su dirección al prepararse para la sesión del grupo de esta semana. Ore por cada uno de los participantes del grupo mencionando sus nombres.

❏ 3. Lea la sección "Durante esta sesión". Seleccione las actividades que mejor se ajustan a las necesidades de aprendizaje de su grupo. Adapte o busque otras actividades si lo cree necesario.

❏ 4. Decida cuánto tiempo asignará a cada actividad. Escriba en el margen la hora en que usted planea empezar cada actividad. Esté siempre listo para cambiar sus planes si el Espíritu Santo lo guía a usted, o al grupo, en otra dirección.

❏ 5. Tenga listos los materiales que necesitará, como por ejemplo:
- copias de la "Prueba de repaso" y de los temas de la sección "Tiempo para compartir" (p. 13, una para cada participante).
- el cartelón de las siete realidades.

❏ 6. Prepare dos cartelones. Uno que represente cómo Dios habla por medio de la Biblia (p. 84) y

otro cómo Dios habla por medio de la oración (p. 88). Puesto que usted usará estos cartelones para otros cursos en el futuro pude recubrirlos con plástico para que se conserven mejor.

❏ 7. Retire los cartelones de las sesiones previas, y guárdelos para usarlos en el futuro con algún otro grupo. Coloque los cartelones que ha preparado para la unidad 5 (p. 8).

❏ 8. Opcional. Seleccione un himno o canto, o música grabada para usarlo con el grupo.

❏ 9. Prepare un vistazo de un minuto de la unidad 6.

DURANTE LA SESIÓN

Actividades de apertura: 15 minutos
1. Salude a las personas a medida que llegan. Entrégueles una copia de la prueba de repaso para esta unidad. Pídales que completen la prueba y se aseguren de tener todas las actividades de aprendizaje del libro del alumno, sobre todo las que corresponden a la sección "Tiempo para compartir" en la hoja que se les acaba de entregar.

2. Oración de apertura. Pídale a uno de los participantes que los dirija en oración agradeciéndole a Dios por revelarse a sí mismo, sus propósitos y sus caminos.

Repaso de la unidad: 35 minutos

1. Prueba de repaso. Repase y discuta, si es necesario, las respuestas a las actividades A y C de la prueba de repaso de la unidad.

2. Las siete realidades. Pídale a una persona que mencione las primeras cuatro realidades de tener una experiencia con Dios. Si la persona necesita ayuda, menciónele las palabras claves.

3. Diagrama acerca de la Biblia y de la oración. Pídale a una persona que use el cartelón acerca de la Biblia para explicar cómo Dios habla por medio de las Sagradas Escrituras. Discuta y dirija el diálogo sobre cualquier pregunta que los participantes puedan tener al respecto.

Luego pídale a otra persona que use el cartelón acerca de la oración, y explique cómo Dios habla por medio de la oración. Discuta y dirija el diálogo sobre cualquier pregunta que los participantes puedan tener al respecto.

4. Discusión del cartelón. Dirija la atención a las afirmaciones que constan en los cartelones de las unidades que ha colocado. Lea cada frase y pídales a los participantes que comenten lo que significa para ellos dichas afirmaciones. Pregúnteles qué clase de ajustes necesitarían hacer en sus vidas para relacionarse correctamente con Dios.

5. Preguntas y respuestas. Pídales a algunos voluntarios que respondan las siguientes preguntas:

a. Según lo que se ha aprendido en cuanto a las maneras en que Dios hablaba en los tiempos del Antiguo Testamento, ¿cuál es el factor más importante? (p. 73)
b. ¿Cómo hablaba Dios en los tiempos de los evangelios? (p. 76)
c. ¿Cuál es la función del Espíritu Santo en la oración? (p. 90)
d. ¿Qué es lo más importante que usted ha aprendido en esta lección acerca de cómo Dios habla por medio de la Biblia y de la oración?

Tiempo para compartir: 25 minutos

1. Respuestas escritas. (Subgrupos) Pídales a los participantes que usen las siguientes actividades de aprendizaje de sus libros para discutir y dialogar sobre las respuestas que han dado. Los temas también se indican en el cuadro que se halla en la hoja de la prueba de repaso de la unidad.

- Lo que Dios ha estado diciendo en este grupo (p. 78).
- Lo que Dios ha dicho a través de la Biblia (pp. 84 y 85).
- Lo que Dios le ha dicho por medio de la oración (p. 89).
- Una de las enseñanzas o porciones bíblicas más significativas de las lecciones de esta unidad, y su respuesta en oración a Dios. Escoja una de las páginas 75-76, 78-79, 82-83, 86 ó 90.

2. Fijemos la atención en Dios. Pregunte: (a) ¿Qué ha llegado usted a conocer en esta semana en cuanto a Dios, sus propósitos o sus caminos?

(b) ¿Qué percibe usted que Dios quiere que haga en respuesta a lo que Él le ha enseñado?

3. Declaren las maravillosas obras de Dios. Este es el momento de compartir los testimonios. Dígales: Si Dios ha hecho algo especial en su vida o por medio de ella en esta semana, cuéntelo brevemente, para que así todos juntos podamos alabar al Señor.

4. Memorización de la Escritura. (Subgrupos) Pídale a cada uno que repita Juan 8.47 por turno. Luego, que cada uno indique lo que Dios le enseñó esta semana mediante este versículo.

Período de oración: 10 minutos

1. Peticiones y oración. (Parejas) Pídale a cada persona que le diga a la otra cuál es el mayor desafío o meta espiritual hoy (p. 78).

2. Anoten las peticiones de oración. A medida que los grupos concluyen la oración, dígales: Ahora busquen en su diario espiritual la sección de peticiones de oración, y anoten aquellas que sientan que Dios los está guiando a hacer. Ore por estas personas de su grupo que tienen una necesidad en especial en esta semana.

Canto o música especial: 5 minutos

Música especial. Canten o pongan en la grabadora el canto o himno que se relacione con el Espíritu Santo, la Biblia y la oración.

Conclusión: 10 minutos

1. Esperemos en Dios. Responda cualquier pregunta o inquietud que pudiera haber surgido durante la sesión. Pídale al grupo que ore por estas inquietudes durante la semana, pídale a Dios que los guíe a encontrar la respuesta.

2. Vistazo a la unidad 6. Pídales a los participantes que pongan especial atención a la manera en la que Dios puede usar las "señales espirituales" para guiarlos en la toma de decisiones. Indíqueles que deben reservar tiempo para preparar su propia lista de "señales espirituales" antes de la próxima semana.

3. Oración. Pida que se pongan de pie y se tomen de las manos. Oren en forma conversacional según el Espíritu los dirija.

Después de la sesión

1. Anote en la sección de oración de su propio diario espiritual las maneras específicas en que puede orar por los participantes del grupo. ¿Percibe alguna necesidad de una persona en particular por la cual debe orar más intensamente? En ese caso, anótela también en su diario.

2. Hágase las siguientes preguntas, y escriba sus respuestas en las líneas impresas o en una hoja por separado:

• ¿Qué preparación espiritual o mental debo hacer para la próxima sesión, que tal vez me faltó esta semana?

_____

_____

• ¿Quién necesita que lo anime a participar más en el diálogo? ¿Cuándo y cómo podré animarlos?

_____

_____

• ¿En qué punto respondí más apropiadamente a las necesidades de los participantes o a la dirección del Espíritu Santo?

_____

_____

• ¿Pude empezar y concluir a tiempo?

_____

_____

• ¿Quiénes necesitan que se les haga llegar una nota durante la semana para animarlos? ¿Cuándo y cómo se las haré llegar?

_____

_____

3. Guarde los cartelones acerca de la Biblia y la oración para usarlos en el futuro con otros grupos de *Mi experiencia con Dios*.

4. Lea toda la sección "Antes de la sesión" en la página que sigue, para tener una idea de la preparación que deba hacer para el próximo encuentro.

Sesión de Grupo 6
DIOS HABLA. PARTE 2

Esta sesión ayudará a los participantes a:
* escribir con sus propias palabras las cuatro primeras realidades de tener una experiencia con Dios.
* identificar dos posibles razones del silencio de Dios en la oración.
* explicar cómo responder cuando se enfrentan a circunstancias confusas.
* demostrar cuál es su punto de vista con respecto a la dirección personal de Dios mediante la descripción de las "señales espirituales" en sus vidas.

ANTES DE LA SESIÓN

❏ 1. Complete todas las actividades de aprendizaje en el libro del alumno.

❏ 2. Ore a Dios pidiendo su dirección al prepararse para la sesión del grupo de esta semana. Ore por cada uno de los participantes del grupo mencionando sus nombres y necesidades.

❏ 3. Lea la sección "Durante la sesión". Seleccione las actividades que mejor se ajustan a las necesidades de aprendizaje de su grupo. Adapte o busque otras actividades que se apliquen a esta unidad de estudio.

❏ 4. Decida cuánto tiempo asignará a cada actividad. Escriba en el margen la hora en que usted planea empezar cada actividad. Esté siempre listo para cambiar sus planes si el Espíritu Santo lo guía a usted, o al grupo, en otra dirección.

❏ 5. Tenga listos los materiales que necesitará. En esta sesión usará:
* copias de la "Prueba de repaso" y de los temas de la sección "Tiempo para compartir" correspondiente a la unidad 6 (p. 14, una para cada participante).
* el cartelón de las siete realidades.

❏ 6. Retire los cartelones de las sesiones previas, y guárdelos para usarlos en el futuro con algún otro grupo. Coloque los cartelones que ha preparado para la unidad 6 (p. 8).

❏ 7. Opcional: Seleccione un himno o canto, o música grabada para usarlo con el grupo. Busque a alguien que toque el piano o algún otro instrumento, o traiga una grabadora. Si ha seleccionado un canto lema para usarlo durante el curso, prepárese para enseñarlo.

❏ 8. Prepare un vistazo de un minuto de la unidad 7 y alístese para explicar las instrucciones que se indican en la sección "Vistazo a la unidad".

DURANTE LA SESIÓN

Actividades de apertura: 15 minutos

1. Salude a las personas a medida que llegan. Entrégueles una copia de la prueba de repaso para esta unidad. Pídales que completen la prueba y se aseguren de tener todas las actividades de aprendizaje del libro del alumno, sobre todo las que corresponden a la sección "Tiempo para compartir" en la hoja que se les acaba de entregar. Haga que revisen la lista de las "señales espirituales".

2. Oración de apertura. Dirija al grupo en oración y pídale a Dios que hable y obre por medio de los participantes del grupo para ayudar a que otros comprendan mejor la voluntad de Dios para sus vidas.

Repaso de la unidad: 35 minutos

1. Las siete realidades. Pídale a una persona que mencione las primeras cuatro realidades de tener una experiencia con Dios. Si la persona necesita ayuda, mencióneles las palabras claves. Use el cartelón.

2. Discusión del cartelón. Dirija la atención a las afirmaciones que constan en los cartelones de las unidades que ha colocado. Lea cada frase y pídales a los participantes que comenten lo que significa para ellos dichas afirmaciones.

Pregúnteles qué clase de ajustes necesitarían hacer en sus vidas para relacionarse correctamente con Dios.

3. Preguntas y respuestas. Pídales a algunos voluntarios que respondan las siguientes preguntas:

a. *¿Cuáles son las dos posibles razones para el silencio de Dios a su oración?* (p. 94)

b. *¿Qué debe hacer el creyente cuando las circunstancias son confusas?* (p. 98)

c. *¿Cuándo sabe usted realmente la verdad en cuanto a una situación dada?* (pp. 98 y 99)

d. *¿Cómo puede comprender el creyente su papel en el cuerpo de Cristo?* (pp. 105-107)

Tiempo para compartir: 25 minutos

1. Señales espirituales. Mencione alguna de sus propias "señales espirituales" (según la tarea que se asigna en la página 104 del libro del alumno). Luego pídales a otros participantes que mencionen algunas de las "señales espirituales" que han identificado en sus propias vidas. Pregunte cómo perciben que el uso de las "señales espirituales" los podría ayudar a tomar decisiones. Vea si alguien puede dar un ejemplo personal de cómo este proceso lo ayudó a tomar una decisión reciente.

2. Declaren las maravillosas obras de Dios. Este es el momento de compartir los testimonios. Dígales: Si Dios ha hecho algo especial en su vida o por medio de ella en esta semana, cuéntelo brevemente, para que así todos juntos podamos alabar al Señor.

3 Fijemos la atención en Dios. Pregunte: (a) ¿Qué ha llegado usted a conocer en esta semana en cuanto a Dios, sus propósitos o sus caminos? (b) ¿Qué percibe usted que Dios quiere que haga en respuesta a lo que Él le ha enseñado?

4. Lo más significativo. (Subgrupos) En pequeños grupos de tres o cuatro personas revisen las cinco enseñanzas o porciones bíblicas más significativas de esta unidad (pp. 94, 98, 100, 104 y 107) e identifiquen la que más resalte de las cinco. Pídales que lean por turno dicha enseñanza o porción bíblica, digan por qué les pareció la más significativa e indiquen cómo respondieron a Dios en oración.

5. Memorización de la Escritura. (Subgrupos) Pídale a cada uno que repita Juan 5.19 por turno.

Luego, que cada uno indique lo que Dios le enseñó esta semana mediante este versículo.

Período de oración: 10 minutos

1. Motivos de oración. Pídales a los participantes que expresen los motivos de oración que han surgido durante la semana con respecto a su iglesia u otras personas de la congregación. Pídales que sean breves y específicos para que haya tiempo suficiente para orar.

2. Oración. (Subgrupos) Forme pequeños grupos para que todos tengan la oportunidad de orar. Pídales que oren específicamente por su iglesia y los miembros cuyos nombres se mencionaron anteriormente.

3. Anoten las peticiones de oración. A medida que los grupos concluyen la oración, dígales: Ahora busquen en su diario espiritual la sección de peticiones de oración, y anoten los motivos por los que se ha orado, las personas, la iglesia y por la manera en la que Dios los está guiando.

Canto o música especial: 5 minutos

Música especial. Canten o ponga en la grabadora el canto o himno que se relaciona con la manera en la que Dios habla y dirige a su pueblo.

Conclusión: 10 minutos

1. Esperemos en Dios. Responda a cualquier pregunta o inquietud que pudiera haber surgido durante la sesión. Pídale al grupo que ore por este asunto durante la semana, pídale a Dios que los guíe a encontrar la respuesta.

2. Vistazo a la unidad 7. Pídales a los participantes que pongan especial atención a las cuatro afirmaciones que se indican en el cuadro de "La crisis de fe" (p. 111). Indíqueles que escriban en el margen cualquier motivo de oración que surja en la semana. Dígales que si tienen inquietudes en cuanto a la manera en la que su propia iglesia "camina por fe" ore sobre eso, y por el momento no lo comente con nadie. Explíquele al grupo que el hermano Blackaby, autor de este curso, tuvo que invertir bastante tiempo ayudando a su iglesia a comprender cómo conocer la voluntad de Dios antes de que pudieran estar listos para andar por fe. El proceso de elaboración del presupuesto que se describe al comienzo de la unidad 7 le muestra una situación específica, y no significa que eso se deba aplicar a su iglesia. Anime a los miembros a dejar que Dios tome la iniciativa en cuanto a guiar a su iglesia en maneras específicas a andar por fe. Los participantes no deben forzar un método o un programa sobre el resto de la congregación. Eso podría ser más perjudicial para la comunión.

3. **Oración.** Pida que se pongan de pie y se tomen de las manos. Oren en forma conversacional según el Espíritu los dirija. Pídale a Dios que les enseñe a andar por fe y que les conceda paciencia para esperar que Él guíe a toda la iglesia a caminar con Él.

DESPUÉS DE LA SESIÓN

1. Anote en la sección de oración de su propio diario espiritual las maneras específicas en que puede orar por los participantes del grupo. ¿Percibe alguna necesidad de una persona en particular por la cual debe orar más intensamente? En ese caso, anótela también en su diario.

2. Hágase las siguientes preguntas, y escriba sus respuestas en las líneas impresas o en una hoja por separado:

- ¿Qué preparación espiritual o mental debo hacer para la próxima sesión, que tal vez me faltó esta semana?

  _____

  _____

- ¿Quién necesita que lo anime a participar más en el diálogo? ¿Cuándo y cómo podré animarlos?

  _____

  _____

- ¿En qué punto respondí más apropiadamente a las necesidades de los participantes o a la dirección del Espíritu Santo?

  _____

  _____

- ¿Pude empezar y concluir a tiempo?

  _____

  _____

- ¿Quiénes necesitan que les llame por teléfono durante la semana para animarlos? ¿Cuándo los llamaré?

  _____

  _____

3. Lea toda la sección "Antes de la sesión" en la página que sigue, para tener una idea de la preparación que deba hacer para el próximo encuentro.

Sesión de Grupo 7
CRISIS DE FE

ANTES DE LA SESIÓN

❑ 1. Complete todas las actividades de aprendizaje en el libro del alumno.

❑ 2. Lea otra vez la advertencia que se dio en la página 44 de este manual. La razón por la cual le hacemos esta advertencia es porque hemos visto algunos pastores y creyentes tratando de forzar en su iglesia este método de preparar el presupuesto. Pero a menos que se haya establecido el cimiento apropiado para que las personas puedan oír claramente cuando Dios les habla, este método no funcionará. Como dice el hermano Blackaby: "Un método jamás funciona; es Dios el que obra".
Trate de ayudar a su grupo a orar por cualquier inquietud que pudieran tener por su iglesia en este sentido. Conforme Dios guía a su iglesia a andar con fe, Él les mostrará cómo enfrentar cualquier cambio que Él quiera que hagan. Anime a los participantes a ser fieles y a responder únicamente a la dirección de Dios. La ocasión según Dios siempre es la mejor.

❑ 3. Ore a Dios pidiendo su dirección al prepararse para esta sesión de grupo. Ore mencionando a los participantes por nombre.

❑ 4. Lea la sección "Durante la sesión". Seleccione las actividades que mejor se ajustan a las necesidades de aprendizaje de su grupo. Adapte o busque otras actividades que usted piense que servirán para que el grupo logre el mayor beneficio de esta unidad de estudio.

❑ 5. Decida cuánto tiempo asignará a cada actividad. Escriba en el margen la hora en que usted planea empezar cada actividad (por ejemplo: coloque 6:15 al lado de "Repaso de la unidad"). Este horario lo ayudará a mantener un ritmo apropiado durante toda la sesión. Esté siempre listo para cambiar sus planes si el Espíritu Santo lo guía a usted, o al grupo, en otra dirección.

❑ 6. Consiga los siguientes materiales, así como cualquier otro que usted necesite para las actividades que usted haya escogido hacer. Deberá tener listo:
- copias de la "Prueba de repaso" para la unidad 7 (p. 14); una por persona.
- el cartelón de las siete realidades.

❑ 7. Retire los cartelones de las sesiones previas y guárdelos.

❑ 8. Opcional: Seleccione un himno o canto, o música grabada para usarlo con el grupo. Busque a alguien que toque el piano o algún otro instrumento, o traiga una grabadora. Si ha seleccionado un canto lema para usarlo durante el curso, prepárese para enseñarlo.

❑ 9. Prepare un vistazo de un minuto para presentar la unidad 8.

DURANTE LA SESIÓN

Actividades de apertura: 15 minutos

1. Salude a las personas a medida que llegan. Entrégueles una copia de la prueba de repaso para esta unidad. Pídales que completen la prueba y se aseguren de tener todas las actividades de aprendizaje del libro del alumno, sobre todo las que corresponden a la sección "Tiempo para compartir" en la hoja que se les acaba de entregar.

2. Oración de apertura. (Subgrupos) Pídale a cada persona que indique el motivo de oración específico por el cual quiere que los demás oren. Estas peticiones pueden referirse a su iglesia, su familia, algo personal o algún asunto de trabajo. Instruya a los participantes para que expresen sus motivos de oración en forma breve, de modo que todos tengan la oportunidad de orar.

Repaso de la unidad: 35 minutos

1. Las siete realidades. Pídales a los participantes que formen un círculo. Exhiba el cartelón con el diagrama de las siete realidades. Pídale a una persona que explique la quinta realidad y a otra que mencione las primeras cinco realidades de tener una experiencia con Dios.

2. Prueba de repaso. En las hojas con la prueba de repaso que ya distribuyó, revise las cuatro afirmaciones en la sección B, relacionadas con la crisis de fe. Pídales a los participantes que indiquen, para cada afirmación, el respaldo bíblico, o que expliquen brevemente lo que aprendieron en cuanto a ese asunto en particular.

3. Preguntas y respuestas. Pídales a algunos voluntarios que contesten las siguientes preguntas:

a. *¿Qué es la fe, y que es lo opuesto a la fe? (p. 112)*

b. *¿Por qué Dios asigna tareas de dimensiones divinas que son imposibles de realizar desde el punto de vista humano? (pp. 116-119)*

c. *¿Cuál es la relación entre la fe y la acción? (pp. 119-123)*

d. *Según Hebreos 11, ¿se puede determinar la fe de una persona por los buenos o malos resultados en su vida? ¿Por qué sí, o por qué no? (pp. 123 y 124)*

4. Estudio de casos. Repase cada uno de los casos de estudio que están en las páginas 121 y 122, y pídales a los miembros que dialoguen sobre las respuestas que dieron en cada caso. Conversen sobre las diferentes opiniones en las respuestas que apuntaron. Asegúrese de que los participantes hayan basado sus respuestas en verdades bíblicas, y no simplemente en la experiencia humana. Con gentileza llame la atención a las respuestas que están basadas solamente en la experiencia.

5. Discusión del cartelón. Dirija la atención a las afirmaciones que constan en los cartelones de las unidades que ha colocado. Lea cada frase y pídales a los participantes que comenten lo que significa para ellos dichas afirmaciones. Pregúnteles qué clase de ajustes necesitarían hacer en sus vidas para relacionarse correctamente con Dios.

Tiempo para compartir: 25 minutos

1. Respuestas escritas. (Subgrupos) Pídales que busquen en sus libros las actividades que se indican a continuación. Dichos temas también se encuentran en la hoja con la prueba de repaso en la sección "Tiempo para compartir". Converse con el grupo sobre:

• Las actividades A, B, C y D en las páginas 110 y 111. Compare sus respuestas en A y B, y dialogue con los demás participantes sobre sus respuestas C y D.

• Ocasiones en su vida que exigieron fe, y de qué manera respondieron (p. 115).

• Las respuestas de los puntos 1 al 8 en la página 118. Compare dichas respuestas con las cuatro declaraciones anteriores.

• Comparta, compare y dialogue sobre sus respuestas a las preguntas 5, 6, 7 y 8.

• Una de las enseñanzas o porciones bíblicas más significativas de las lecciones de esta unidad, y su respuesta en oración a Dios. Escoja una de las páginas 111, 115, 119, 122-123 ó 125.

2. Declaren las maravillosas obras de Dios. Este es el momento para compartir los testimonios. Coménteles: Si Dios ha hecho algo especial en su vida o por medio de ella esta semana pasada, cuéntenos brevemente lo que Dios ha hecho, para que así todos juntos podamos alabar al Señor.

3. Memorización de la Escritura. (Parejas) Pídale a cada uno que repita Hebreos 11.6. Si alguno tiene dificultades en el aprendizaje del versículo, anímelo a que lo haga. Pídale a cada persona que le diga a su compañero o compañera lo que Dios le enseñó esta semana mediante este versículo.

4. Fijemos la atención en Dios. Pregunte: (a) ¿Qué aprendió en esta semana en cuanto a Dios, sus propósitos o sus caminos? (b) En respuesta a lo que Dios le ha enseñado, ¿qué cree usted que debe hacer?

Período de oración: 10 minutos

1. Peticiones y oración. (Subgrupos) Pídales que indiquen brevemente cualquier inquietud que tengan en cuanto a caminar por fe, sea como individuos o como iglesia. Luego pídales que oren específicamente el uno por el otro y por la iglesia a la que pertenecen.

2. Anoten las peticiones de oración. A medida que los grupos concluyen la oración, dígales:

Ahora busquen en su diario espiritual la sección de peticiones de oración, y anoten las maneras en las que Dios los guía a orar por la fe de otros creyentes y de su iglesia.

Canto o música especial: 5 minutos

Música especial. Canten o ponga en la grabadora el canto o himno que se relacione con el tema de ser siervo o de seguir a Jesús.

Conclusión: 10 minutos

1. **Esperemos en Dios.** Responda a cualquier pregunta o inquietud que pudiera haber surgido durante la sesión. Pídale al grupo que ore por este asunto durante la semana, pídale a Dios que los guíe a encontrar la respuesta.

2. **Vistazo a la unidad 8.** Pídales a los participantes que pongan especial atención a los ajustes que podrían ser necesarios para que una persona se coloque en el centro de la actividad de Dios.

3. **Oración.** Pídales a los participantes que se pongan de pie y se tomen de las manos. Pídales que oren en silencio por su iglesia y el uno por el otro para enfrentar con firmeza las crisis de fe. Concluya usted con una breve oración.

DESPUÉS DE LA SESIÓN

1. Anote en la sección de oración de su propio diario espiritual las maneras específicas en que puede orar por los participantes del grupo. ¿Percibe alguna necesidad de una persona en particular por la cual debe orar más intensamente? En ese caso, anótela también en su diario.

2. Hágase las siguientes preguntas, y escriba sus respuestas en las líneas impresas o en una hoja por separado:

• ¿Qué preparación espiritual o mental debo hacer para la próxima sesión, que tal vez me faltó esta semana?

_____

_____

• ¿Quién necesita que lo anime a participar más en el diálogo? ¿Cuándo y cómo podré animarlos?

_____

_____

• ¿En qué punto respondí más apropiadamente a las necesidades de los participantes o a la dirección del Espíritu Santo?

_____

_____

• ¿Pude empezar y concluir a tiempo?

_____

_____

• ¿Quiénes necesitan que les visite durante la semana, para animarlos, orar con ellos, darles algún consejo? ¿Cuándo los visitaré?

_____

_____

3. Lea toda la sección "Antes de la sesión" en la página que sigue, para tener una idea de la preparación que deba hacer para el próximo encuentro.

AJUSTAR SU VIDA A DIOS

METAS DE APRENDIZAJE PARA LA SESIÓN

Esta sesión ayudará a los participantes a:
- mencionar seis de las realidades de tener una experiencia con Dios.
- identificar algunas maneras en que una persona puede esperar en Dios.
- distinguir algunas de las maneras en que Dios los ha guiado a hacer ajustes en sus propias vidas.
- demostrar una buena disposición para animar y guiar a la iglesia a planear la obediencia como cuerpo de Cristo.
- demostrar un compromiso de someter sus vidas al señorío de Cristo, expresándolo en una oración de entrega y sumisión.

ANTES DE LA SESIÓN

❑ 1. Complete todas las actividades de aprendizaje en el libro de estudio.

❑ 2. Ore a Dios pidiendo su dirección al prepararse para esta sesión de grupo. Ore mencionando a los participantes por nombre.

❑ 3. Lea la sección "Durante la sesión" y seleccione las actividades que mejor se apliquen a su grupo. Adapte o busque aquellas que usted piense serán las más apropiadas.

❑ 4. Decida cuánto tiempo asignará a cada actividad. Escriba en el margen la hora en que usted planea empezar cada actividad (por ejemplo: coloque 6:15 al lado de "Repaso de la unidad"). Este horario lo ayudará a mantener un ritmo apropiado durante toda la sesión. Esté siempre listo para cambiar sus planes si el Espíritu Santo lo guía a usted, o al grupo, en otra dirección.

❑ 5. Consiga los siguientes materiales, así como cualquier otro que usted necesite para las actividades que haya escogido hacer. Deberá tener listo:
- copias de la "Prueba de repaso" para la unidad 8 (p. 14), una por persona.
- el cartelón de las siete realidades.

- (opcional) Algún libro referente a la oración tal como el que se recomendó al principio, titulado "En la presencia de Dios" de T. W. Hunt y Claude V. King. Es muy importante ayudar a las personas a desarrollar el ministerio de la oración en su iglesia local.

❑ 6. Retire los cartelones de las sesiones previas y guárdelos. Coloque los que corresponden a la unidad 8 (p. 8).

❑ 7. Prepare un vistazo de un minuto para presentar la unidad 9.

DURANTE LA SESIÓN

Actividades de apertura: 15 minutos

1. **Salude a las personas** a medida que llegan. Entrégueles una copia de la prueba de repaso para esta unidad. Pídales que completen la prueba y se aseguren de tener todas las actividades de aprendizaje del libro del alumno, sobre todo las que corresponden a la sección "Tiempo para compartir" en la hoja que se les acaba de entregar.

2. **Oración de apertura.** Pídale a cada persona que ore para que el Señor obre en cada uno de ellos y para que se dispongan a abrir sus corazones y dejar que Él les indique qué ajustes deben hacer en sus vidas.

Repaso de la unidad: 35 minutos

1. **Las siete realidades.** Muestre el cartelón de las siete realidades. Señale la primera y pídale a uno de los participantes que la lea en voz alta, continúe con las demás dándole la oportunidad a que la mayoría participe. Explíqueles que en la próxima unidad se estudiará en detalle la séptima realidad.

2. **Prueba de repaso.** Dedíquese a dialogar sobre las respuestas de las pruebas de repaso que los participantes escribieron en las dos preguntas de la parte C. Pregúnteles: ¿Qué puede hacer una

persona mientras espera en Dios? A medida que los participantes vayan respondiendo puede ir apuntando en el pizarrón las respuestas. (Las posibles respuestas serían: orar, observar las circunstancias, conversar y escuchar a otros creyentes, continuar haciendo la última cosa que Dios le dijo que hiciera; pp. 140-142).

3. Preguntas y respuestas. Pídales a algunos voluntarios que contesten las siguientes preguntas:
a. ¿Cómo se demuestra la fe? (p. 127)
b. ¿Cuáles son algunos personajes bíblicos que tuvieron que ajustarse a lo que Dios quería, y qué clase de ajustes tuvieron que hacer? (pp. 127 y 128)
c. ¿A cuál personaje bíblico le pidió Dios que hiciera un ajuste, y rehusó? (p. 128)
d. ¿Cuáles son algunos tipos de ajustes que usted tal vez tendría que hacer para obedecer a Dios? (pp. 130 y 131)
e. ¿Le pide Dios alguna vez a alguna persona que cambie sus propios planes y direcciones para seguir los propósitos que Él tiene? ¿Piensa usted que alguna vez Dios le podría decir que cambie sus planes y direcciones para seguirlo?
Nota: Si alguien respondiera que no a esta segunda pregunta, mencione de nuevo que nadie puede quedarse exactamente como y donde está y seguir a Dios al mismo tiempo. La voluntad de Dios siempre exige ajustes (pp. 131-133).

4. Discusión del cartelón. Dirija la atención a las afirmaciones que constan en los cartelones de las unidades que ha colocado. Lea cada frase y pídales a los participantes que comenten lo que significa para ellos dichas afirmaciones. Pregúnteles qué clase de ajustes necesitarían hacer en sus vidas para relacionarse correctamente con Dios.

Tiempo para compartir: 25 minutos

1. Memorización de la Escritura. (Parejas) Pídale a cada uno que repita Lucas 14.33. Si alguno tiene dificultades en el aprendizaje del versículo, anímelo a que lo haga. Pídale a cada persona que le diga a su compañero o compañera lo que Dios le enseñó esta semana mediante este versículo.

2. Respuestas escritas. (subgrupos) Pídales que busquen en sus libros las actividades que se indican a continuación. Dichos temas también se encuentran en la hoja con la prueba de repaso en la sección "Tiempo para compartir". Conversen con el grupo sobre:
• Una (o más si el tiempo se lo permite) de las

enseñanzas o porciones bíblicas más significativas de las lecciones de esta unidad, y su respuesta en oración a Dios. Escoja una de las páginas 129, 132, 140 ó 144.
• Ajustes que ha tenido que hacer en cuanto a su manera de pensar durante este curso (p. 131).
• Ajustes que Dios le ha exigido (p. 131).
• Una experiencia o anécdota en donde se le exigió un ajuste costoso u obediencia costosa (p. 135).
• El encuentro personal más significativo y el porqué (pp. 131 y 132).
• Cómo se conoce su iglesia en cuanto a la oración; y qué ajustes quiere Dios que su iglesia haga (p. 143 y 144).

3. Declaren las maravillosas obras de Dios. Este es el momento para compartir los testimonios. Coménteles: Si Dios ha hecho algo especial en su vida o por medio de ella esta semana pasada, cuéntenos brevemente lo que Dios ha hecho, para que así todos juntos podamos alabar al Señor.

4. Fijemos la atención en Dios. Pregunte: (a) ¿Qué aprendió en esta semana en cuanto a Dios, sus propósitos o sus caminos? (b) En respuesta a lo que Dios le ha enseñado, ¿qué cree usted que debe hacer?

Período de oración: 10 minutos

1. Anoten las peticiones de oración. A medida que los grupos concluyen la oración, dígales: Ahora busquen en su diario espiritual la sección de peticiones de oración, y anoten las maneras en las que Dios los guía a orar por la fe de otros creyentes y de su iglesia.

2. Oración. (Subgrupos) Pídales que se dividan en pequeños grupos y oren en forma conversacional. Mencionen los motivos anteriores más los que anotaron esta semana en sus libros.

3. Énfasis en la oración. Si algunas de las personas desean profundizar la vida de oración de la iglesia le sugerimos el libro "En la presencia de Dios" de T. W. Hunt y Claude V. King.

Conclusión: 10 minutos

1. Esperemos en Dios. Responda a cualquier pregunta o inquietud que pudiera haber surgido durante la sesión. Pídale al grupo que ore por este asunto durante la semana, pídale a Dios que los guíe a encontrar la respuesta.

2. Vistazo a la unidad 9. El enfoque de la próxima unidad es la obediencia. Algunos de los participantes hallarán el estudio muy difícil al evaluar su propia obediencia. Usted deberá darles alguna palabra de aliento. Lea Mateo 28.18-20. Recalque que una de las tareas asignadas a la iglesia es ayudar a sus miembros a obedecer. En el próximo encuentro debe decirles a los participantes que tendrán la oportunidad de ayudarse y animarse mutuamente, así como de orar los unos por los otros en cuanto a la obediencia.

3. Oración. Pídales a los participantes que formen grupos de a cuatro, y que se tomen de las manos. Cada uno deberá orar por cualquier ajuste que perciba que debe hacer en su vida en respuesta a lo que Dios le está diciendo. Anime a todos a rendirle sus vidas por completo al señorío de Cristo, y a que oren los unos por los otros.

DESPUÉS DE LA SESIÓN

1. Anote en la sección de oración de su propio diario espiritual las maneras específicas en que puede orar por los participantes del grupo. ¿Percibe alguna necesidad de una persona en particular por la cual debe orar más intensamente? En ese caso, anótela también en su diario.

2. Hágase las siguientes preguntas, y escriba sus respuestas en las líneas impresas o en una hoja por separado:

- ¿Qué preparación espiritual o mental debo hacer para la próxima sesión, que tal vez me faltó esta semana?

  _____

  _____

- ¿Quién necesita que lo anime a participar más en el diálogo? ¿Cuándo y cómo podré animarlos?

  _____

  _____

- ¿En qué punto respondí más apropiadamente a las necesidades de los participantes o a la dirección del Espíritu Santo?

  _____

  _____

- ¿Pude empezar y concluir a tiempo?

  _____

  _____

- ¿Quiénes necesitan que les llame durante la semana, para animarlos, orar con ellos, darles algún consejo? ¿Cuándo los llamaré?

  _____

  _____

3. Lea toda la sección "Antes de la sesión" en la página que sigue, para tener una idea de la preparación que deba hacer para el próximo encuentro.

UNA EXPERIENCIA CON DIOS MEDIANTE LA OBEDIENCIA

METAS DE APRENDIZAJE PARA LA SESIÓN

Esta sesión ayudará a los participantes a:
- mencionar las siete realidades de tener una experiencia con Dios.
- comprender la importancia y el significado de la obediencia.
- explicar por qué la madurez en la vida cristiana es con frecuencia un proceso lento.
- demostrar su adoración a Dios compartiendo algunas maneras en las que han tenido una experiencia personal con Dios.

ANTES DE LA SESIÓN

❏ 1. Complete todas las actividades de aprendizaje en el libro de estudio.

❏ 2. Ore a Dios pidiendo su dirección al prepararse para esta sesión de grupo. Ore mencionando a los participantes por nombre.

❏ 3. Lea la sección "Durante la sesión" y seleccione las actividades que mejor se apliquen a su grupo. Adapte o busque aquellas que usted piense serán las más apropiadas.

❏ 4. Decida cuánto tiempo asignará a cada actividad. Escriba en el margen la hora en que usted planea empezar cada actividad (por ejemplo: coloque 6:15 al lado de "Repaso de la unidad"). Este horario lo ayudará a mantener un ritmo apropiado durante toda la sesión. Esté siempre listo para cambiar sus planes si el Espíritu Santo lo guía a usted, o al grupo, en otra dirección.

❏ 5. Consiga los siguientes materiales, así como cualquier otro que usted necesite para las actividades que haya escogido hacer. Deberá tener listo:
- copias de la "Prueba de repaso" para la unidad 9 (p. 15); una por persona.
- el cartelón de las siete realidades.
- pizarrón y tiza, u hojas de papel grande y marcadores de felpa.

❏ 6. Retire los cartelones de las sesiones previas y guárdelos. Coloque los que corresponden a la unidad 9 (p. 8).

❏ 7. Opcional: Seleccione un himno o canto, o música grabada para usarlo con el grupo. Busque a alguien que toque el piano o algún otro instrumento, o traiga una grabadora. Si ha seleccionado un canto lema para usarlo durante el curso, prepárese para enseñarlo.

❏ 8. Prepare un vistazo de un minuto para presentar la unidad 10. Aliente a los participantes a orar de manera especial por la iglesia durante esta semana.

DURANTE LA SESIÓN

Actividades de apertura: 15 minutos

1. Salude a las personas a medida que llegan. Entrégueles una copia de la prueba de repaso para esta unidad. Pídales que completen la prueba y se aseguren de tener todas las actividades de aprendizaje del libro del alumno, sobre todo las que corresponden a la sección "Tiempo para compartir" en la hoja que se les acaba de entregar.

2. Oración de apertura. Lea el Salmo 119.33-35 en forma de paráfrasis, sustituyendo yo o mí por nosotros o nuestros como sigue:
"Enséñanos, oh Señor, el camino de tus estatutos, y lo guardaremos hasta el fin.
Danos entendimiento, y guardaremos tu ley, y la cumpliremos de todo corazón.
Guíanos por la senda de tus mandamientos, porque en ella tenemos nuestra voluntad".
Pídale al grupo que se unan a usted en oración y diga: "Te amamos Señor, por lo tanto, te obedeceremos".

Repaso de la unidad: 35 minutos

1. Las siete realidades. Muestre el cartelón de las siete realidades. Señale la primera y pídale a uno de los participantes que la lea en voz alta, continúe con las demás dándole la oportunidad a que todos participen.

2. El modelo según Dios. Después de repetir las siete realidades, recuérdeles que estas cosas no son un método a seguir. Dichas realidades describen el modelo según el cual Dios obra en su pueblo. Él siempre toma la iniciativa; nosotros no tomamos ninguna iniciativa en cuanto a realizar los propósitos de Dios. Diga: "Hemos estudiado estas siete realidades en cuanto a Dios, para que usted pueda ser capaz de identificar la actividad de Dios en su vida. Ahora bien, cuando Dios toma la iniciativa para incluirlo a usted en su obra, confió en que usted le respondería, actuaría con fe y sería obediente".

3. Preguntas y respuestas. Pídales a algunos voluntarios que contesten las siguientes preguntas:

a. ¿Qué importancia tiene la obediencia? (pp. 148 y 149)
b. ¿Qué significa obedecer? (p. 150)
c. ¿Le concede Dios una segunda oportunidad en el servicio a una persona que ha desobedecido? Explique su respuesta (pp. 151).
d. ¿Por qué a veces Dios obra lentamente en una persona en cuanto a su proceso de maduración? (p. 157)
e. Escriba en el pizarrón o en un papel grande las respuestas a la siguiente pregunta: ¿Qué haría usted si se enfrentara con una circunstancia en la que parece que la puerta para hacer la voluntad de Dios se ha cerrado? (pp. 159 y 160)

4. Discusión del cartelón. Dirija la atención a las afirmaciones que constan en los cartelones de las unidades que ha colocado. Lea cada frase y pídales a los participantes que comenten lo que significa para ellos dichas afirmaciones. Pregúnteles qué clase de ajustes necesitarían hacer en sus vidas para relacionarse correctamente con Dios.

Tiempo para compartir: 25 minutos

1. Memorización de la Escritura. (Parejas) Pídale a cada uno que repita Juan 14.23. Si alguno tiene dificultades en el aprendizaje del versículo, anímelo a que lo haga. Pídale a cada persona que le diga a su compañero o compañera lo que Dios le enseñó esta semana mediante este versículo.

2. Respuestas escritas. (Parejas) Pídales que busquen en sus libros las actividades que se indican a continuación. Dichos temas también se encuentran en la hoja con la prueba de repaso en la sección "Tiempo para compartir". Conversen con el grupo sobre:

- Enseñanzas que hayan influido en la manera que ama y obedece a Dios (pp. 146 y 147).
- "Nombres" por los cuales usted ha llegado a conocer a Dios por experiencia propia (p. 157).
- Las preguntas A-G en la página 150.
- Enseñanzas o afirmaciones que han sido significativas para usted (pp. 153 y 154).
- Una de las enseñanzas o porciones bíblicas más significativas de las lecciones de esta unidad, y su respuesta en oración a Dios. Escoja una de las páginas 149, 152-153, 156 ó 161. Mencione la enseñanza y la respuesta que usted dio a Dios en oración.

3. Fijemos la atención en Dios. Pregunte: a) ¿Qué ha llegado usted a conocer esta semana en cuanto a Dios, sus propósitos, o sus caminos? b) ¿Qué percibe usted que Dios quiere que haga en respuesta a lo que Él le ha enseñado?

4. Declaren las maravillosas obras de Dios. Este es el momento para compartir los testimonios. Coménteles: Si Dios ha hecho algo especial en su vida o por medio de ella esta semana pasada, cuéntenos brevemente lo que Dios ha hecho, para que así todos juntos podamos alabar al Señor.

Período de oración: 10 minutos

1. Oración. (Parejas) Pídale al grupo que se dividan en parejas. Cada persona le dirá a su compañero o compañera algún aspecto o área de su vida que en este momento representa una lucha porque no le permite ser totalmente obediente a Dios. Luego ambas orarán por las necesidades que su compañero o compañera expresó.

2. Anoten las peticiones de oración. A medida que los grupos concluyen la oración, dígales: Ahora busquen en su diario espiritual la sección de peticiones de oración, y anoten las maneras en las que Dios los guía a orar por la fe de otros creyentes y de su iglesia.

Canto o música especial: 5 minutos

Música especial. Canten o ponga en la grabadora el canto o himno que se relacione con la sumisión a la voluntad de Dios, o a los ajustes que hay que hacer para obedecerlo.

Conclusión: 10 minutos

1. **Esperemos en Dios.** Responda a cualquier pregunta o inquietud que pudiera haber surgido durante la sesión. Pídale al grupo que ore por este asunto durante la semana, pídale a Dios que los guíe a encontrar la respuesta.

2. **Vistazo a la unidad 10.** Pídales a los participantes que presten especial atención a la manera en la que la iglesia llega a comprender y hacer la voluntad de Dios.

3. **Oración.** Pídales a dos o tres participantes que guíen en oración, comprometiéndose a someterse al señorío absoluto de Cristo en el nombre del grupo. Después concluya usted pidiendo a Dios que les enseñe cómo conocer y hacer su voluntad como iglesia.

DESPUÉS DE LA SESIÓN

1. Anote en la sección de oración de su propio diario espiritual las maneras específicas en que puede orar por los participantes del grupo. ¿Percibe alguna necesidad de una persona en particular por la cual debe orar más intensamente? En ese caso, anótela también en su diario.

2. Hágase las siguientes preguntas, y escriba sus respuestas en las líneas impresas o en una hoja por separado:
- ¿Qué preparación espiritual o mental debo hacer para la próxima sesión, que tal vez me faltó esta semana?

  _____
  _____

- ¿Quién necesita que lo anime a participar más en el diálogo? ¿Cuándo y cómo podré animarlos?

  _____
  _____

- ¿En qué punto respondí más apropiadamente a las necesidades de los participantes o a la dirección del Espíritu Santo?

  _____
  _____

- ¿Pude empezar y concluir a tiempo?

  _____
  _____

- ¿Quiénes necesitan que se les llame durante la semana, para animarlos, orar con ellos o darles algún consejo? ¿Cuándo los llamaré?

  _____
  _____

3. **Lea toda la sección "Antes de la sesión"** en la página que sigue, para tener una idea de la preparación que deba hacer para el próximo encuentro.

Sesión de Grupo 10
LA VOLUNTAD DE DIOS Y LA IGLESIA

METAS DE APRENDIZAJE PARA LA SESIÓN

Esta sesión ayudará a los participantes a:
- reconocer la preocupación que Dios tiene por su iglesia.
- distinguir cómo las personas llegan a conocer la voluntad de Dios y cómo la iglesia llega a conocer la voluntad de Dios.
- aplicar a su propia iglesia las instrucciones bíblicas en cuanto al compañerismo en la congregación.
- demostrar amor por su iglesia mediante la oración por esta y sus líderes.

ANTES DE LA SESIÓN

❏ 1. Complete todas las actividades de aprendizaje en el libro de estudio

❏ 2. Ore a Dios pidiendo su dirección al prepararse para esta sesión de grupo. Ore mencionando a los participantes por nombre. Ore por su iglesia y por el crecimiento espiritual de cada individuo que forma parte del cuerpo de Cristo en su iglesia local.

❏ 3. Lea la sección "Durante la sesión" y seleccione las actividades que mejor se apliquen a su grupo. Adapte o busque aquellas que usted piense serán las más apropiadas.

❏ 4. Decida cuánto tiempo asignará a cada actividad. Escriba en el margen la hora en que usted planea empezar cada actividad (por ejemplo: coloque 6:15 al lado de "Repaso de la unidad"). Este horario lo ayudará a mantener un ritmo apropiado durante toda la sesión. Esté siempre listo para cambiar sus planes si el Espíritu Santo lo guía a usted, o al grupo, en otra dirección.

❏ 5. Consiga los siguientes materiales, así como cualquier otro que usted necesite para las actividades que haya escogido hacer. Deberá tener listo:
- copias de la "Prueba de repaso" para la unidad 10 (p. 15); una por persona.
- el cartelón de las siete realidades.

❏ 6. Retire los cartelones de las sesiones previas y guárdelos. Coloque los que corresponden a la unidad 10 (p. 8).

❏ 7. Opcional: Seleccione un himno o canto, o música grabada para usarlo con el grupo. Busque a alguien que toque el piano o algún otro instrumento, o traiga una grabadora.

❏ 8. Prepare un vistazo de un minuto para presentar la unidad 11.

DURANTE LA SESIÓN

Actividades de apertura: 15 minutos

1. Salude a las personas a medida que llegan. Entrégueles una copia de la prueba de repaso para esta unidad. Pídales que completen la prueba y se aseguren de tener todas las actividades de aprendizaje del libro del alumno, sobre todo las que corresponden a la sección "Tiempo para compartir" en la hoja que se les acaba de entregar.

2. Oración de apertura. Pídale a una persona que dirija al grupo en oración pidiendo que Dios use esta sesión para ayudar a cada una de las personas y a su iglesia, a madurar como un cuerpo de Cristo saludable.

Repaso de la unidad: 35 minutos

1. Repaso de la unidad. Repase las respuestas de la parte A de la prueba de repaso y trate las respuestas de la parte B durante el tiempo para compartir.

2. Preguntas y respuestas. Pídales a algunos voluntarios que contesten las siguientes preguntas:
a. ¿Cuál es la diferencia entre la forma en que un individuo llega a conocer la voluntad de Dios, y la forma en que la iglesia llega a conocerla? (p. 165 y 167)
b. ¿Cuáles serían algunas ocasiones en las cuáles los miembros del cuerpo podrían compartir

MI EXPERIENCIA CON DIOS–MANUAL PARA EL LÍDER **55**

con otros lo que perciben que Dios quiere que su iglesia sea o haga? (p. 166)

c. Según la respuesta que dio en la página 167 del libro de estudio ¿Cómo describió el proceso que usa su iglesia para tomar decisiones?

d. ¿A quién le corresponde convencer a su iglesia sobre lo que es la voluntad de Dios, y cuándo la iglesia debe hacerla? (p. 167)

e. ¿Qué pregunta debe hacerse en las juntas de negocio de la iglesia para discernir la voluntad de Dios entre las opiniones humanas? (p. 168)

f. ¿Qué es un don espiritual? (p. 173)

g. ¿Cuáles son algunos de los principios bíblicos sobre cómo la iglesia debe funcionar como un cuerpo? (pp. 175 y 176)

h. ¿Qué dice la Biblia sobre la voluntad de Dios con respecto a las relaciones dentro del cuerpo que es la iglesia? (pp. 178-180)

3. Discusión del cartelón. Dirija la atención a las afirmaciones que constan en los cartelones de las unidades que ha colocado. Lea cada frase y pídales a los participantes que comenten lo que significa para ellos dichas afirmaciones. Pregúnteles qué clase de ajustes necesitarían hacer en sus vidas para relacionarse correctamente con Dios.

Tiempo para compartir: 25 minutos

1. Respuestas escritas. (subgrupos) Pídales que busquen en sus libros las actividades que se indican a continuación. Dichos temas también se encuentran en la hoja con la prueba de repaso en la sección "Tiempo para compartir". Conversen con el grupo sobre:

- Cuál es la voluntad de Dios en cuanto a la manera en que su iglesia toma decisiones (p. 170).
- Las preguntas en la sección B de esta prueba de repaso.
- Cosas que podrían ayudarlo a funcionar eficazmente en el cuerpo de Cristo (p. 177).
- Las preguntas 1-3 en la página 177-178.
- Instrucciones de Romanos 12 y 1 Corintios 12 "para mi iglesia" y "para mí" (pp. 171, 172, 180 y 181).
- Una de las afirmaciones o porciones bíblicas más significativas de las lecciones de esta unidad, y su respuesta en oración a Dios. Escoja una de las páginas 166-167, 171, 174, 178 ó 182.

2. Fijemos la atención en Dios. Pregunte: (a) ¿Qué aprendió en esta semana en cuanto a Dios, sus propósitos o sus caminos? (b) En respuesta a lo que Dios le ha enseñado, ¿qué cree usted que debe hacer?

3. Declaren las maravillosas obras de Dios. Este es el momento para compartir los testimonios. Coménteles: Si Dios ha hecho algo especial en su vida o por medio de ella esta semana pasada, cuéntenos brevemente lo que Dios ha hecho, para que así todos juntos podamos alabar al Señor.

4. Memorización de la Escritura. (Parejas) Pídale a cada uno que repita Romanos 12.5. Si alguno tiene dificultades en el aprendizaje del versículo, anímelo a que lo haga. Pídale a cada persona que le diga a su compañero o compañera lo que Dios le enseñó esta semana mediante este versículo.

Período de oración: 10 minutos

1. Oración. (Subgrupos) Pídales que se dividan en pequeños grupos y que cada persona mencione algún motivo de oración por su iglesia. Luego oren para que toda la congregación pueda percibir la voluntad de Dios, y diferenciarla de los deseos o intereses humanos.

2. Anoten las peticiones de oración. A medida que los grupos concluyen la oración, dígales: Ahora busquen en su diario espiritual la sección de peticiones de oración, y anoten las maneras en las que Dios los guía a orar por la fe de otros creyentes y de su iglesia.

Canto o música especial: 5 minutos

Música especial. Canten o ponga en la grabadora el canto o himno que se relacione con la iglesia.

Conclusión: 10 minutos

1. Esperemos en Dios. Responda a cualquier pregunta o inquietud que pudiera haber surgido durante la sesión. Pídale al grupo que ore por este asunto durante la semana, pídale a Dios que los guíe a encontrar la respuesta.

2. Vistazo a la unidad 11. Pídales a los participantes que presten atención a la manera en la que las relaciones de los creyentes es una buena indicación de nuestra relación con el Señor.

3. Oración. Pídales a los participantes que oren en forma conversacional por su iglesia y sus líderes. Guíelos a buscar la ayuda de Dios para que le muestre a toda congregación cómo deben funcionar como cuerpo de Cristo.

DESPUÉS DE LA SESIÓN

1. Anote en la sección de oración de su propio diario espiritual las maneras específicas en que puede orar por los participantes del grupo. ¿Percibe alguna necesidad de una persona en particular por la cual debe orar más intensamente? En ese caso, anótela también en su diario.

2. Hágase las siguientes preguntas, y escriba sus respuestas en las líneas impresas o en una hoja por separado:

- ¿Qué preparación espiritual o mental debo hacer para la próxima sesión, que tal vez me faltó esta semana?

  _____

  _____

- ¿Quién necesita que lo anime a participar más en el diálogo? ¿Cuándo y cómo podré animarlos?

  _____

  _____

- ¿En qué punto respondí más apropiadamente a las necesidades de los participantes o a la dirección del Espíritu Santo?

  _____

  _____

- ¿Pude empezar y concluir a tiempo?

  _____

  _____

- ¿Quiénes necesitan que les visite durante la semana, para animarlos, orar con ellos, darles algún consejo? ¿Cuándo los visitaré?

  _____

  _____

3. Lea toda la sección "Antes de la sesión" en la página que sigue, para tener una idea de la preparación que deba hacer para el próximo encuentro.

Sesión de Grupo 11
EL PUEBLO DEL REINO

METAS DE APRENDIZAJE PARA LA SESIÓN

Esta sesión ayudará a los participantes a:
- identificar las maneras en que una iglesia local puede ser un centro estratégico de misiones mundiales.
- aplicar a su propia iglesia los principios y las verdades del reino.
- definir la palabra koinonía y explicar las maneras en que la koinonía se puede reflejar en sus relaciones con otros creyentes y otras iglesias.
- demostrar el deseo de que en su iglesia haya una plena koinonía.

ANTES DE LA SESIÓN

❏ 1. Complete todas las actividades de aprendizaje en el libro de estudio

❏ 2. Ore a Dios pidiendo su dirección al prepararse para esta sesión de grupo. Ore mencionando a los participantes por nombre. Ore por su iglesia y por el crecimiento espiritual de cada individuo que es parte del cuerpo de Cristo en su iglesia local.

❏ 3. Lea la sección "Durante la sesión" y seleccione las actividades que mejor se apliquen a su grupo. Adapte o busque aquellas que usted piense serán las más apropiadas.

❏ 4. Decida cuánto tiempo asignará a cada actividad. Escriba en el margen la hora en que usted planea empezar cada actividad (por ejemplo: coloque 6:15 al lado de "Repaso de la unidad"). Este horario lo ayudará a mantener un ritmo apropiado durante toda la sesión. Esté siempre listo para cambiar sus planes si el Espíritu Santo lo guía a usted, o al grupo, en otra dirección.

❏ 5. Consiga los siguientes materiales, así como cualquier otro que usted necesite para las actividades que haya escogido hacer. Deberá tener listo:
• copias de la "Prueba de repaso" para la unidad 11 (p. 16); una por persona.

• el cartelón de las siete realidades.
• hojas de papel en blanco, una para cada persona.
• copias de la evaluación del estudio (pp. 22 y 23).

❏ 6. Retire los cartelones de las sesiones previas y guárdelos. Coloque los que corresponden a la unidad 11 (p. 8).

❏ 7. Prepare un vistazo de un minuto para presentar la unidad 12.

DURANTE LA SESIÓN

Actividades de apertura: 15 minutos

1. **Salude a las personas** a medida que llegan. Entrégueles una copia de la prueba de repaso para esta unidad. Pídales que completen la prueba y se aseguren de tener todas las actividades de aprendizaje del libro del alumno, sobre todo las que corresponden a la sección "Tiempo para compartir" en la hoja que se les acaba de entregar.

2. **Oración de apertura.** Guíe usted mismo la oración pidiendo la dirección de Dios para que su iglesia pueda ser un verdadero centro estratégico de misiones mundiales.

Repaso de la unidad: 35 minutos

1. **Preguntas y respuestas.** Pídales a algunos voluntarios que contesten las siguientes preguntas:
a. ¿Cómo puede una iglesia local ser un centro estratégico de misiones mundiales? (pp. 184-186)
b. ¿Cómo realiza Dios los propósitos del reino? (p. 187)
c. ¿Cuál es la verdad acerca del reino que se enseña en cada una de las parábolas que siguen? (pp. 187-189)
- El trigo y la cizaña
- La semilla de mostaza
- La levadura
- El tesoro escondido y la perla
- Los talentos

d. ¿Qué es koinonía? (p. 193)

e. ¿Cómo es el amor que se describe en 1 Corintios 13? ¿Qué cosa no es el amor? (p. 195)

f. ¿Cómo sabrá la gente que somos discípulos de Jesús? (véase Juan 13.35, pp. 195-196)

g. ¿Cómo se refleja en una iglesia la koinonía? (pp. 197-200)

2. Discusión del cartelón. Dirija la atención a las afirmaciones que constan en los cartelones de las unidades que ha colocado. Lea cada frase y pídales a los participantes que comenten lo que significa para ellos dichas afirmaciones. Pregúnteles qué clase de ajustes necesitarían hacer en sus vidas para relacionarse correctamente con Dios.

Tiempo para compartir: 25 minutos

1. Centro estratégico de misiones mundiales. Pídales a los participantes que abran sus libros en la página 186 y pregúnteles:

• ¿Qué cosas perciben que Dios está haciendo o quiere hacer para usar a nuestra iglesia como un centro estratégico de misiones mundiales?

• ¿Ha añadido Dios a nuestra congregación miembros que Él quiere usar para alcanzar a nuestro mundo para Cristo? ¿Quiénes son? ¿Cómo podría usarlos?

Nota: Si Dios trae a su mente en este momento algunos nombres específicos, trate de encontrar personas del grupo que los puedan visitar la semana que viene, y por medio de preguntas puedan ver si Dios está obrando en sus vidas, y cómo quiere ahora que el resto de la iglesia se le una en la obra (p. 69).

2. Respuestas escritas. (Subgrupos) Pídales que busquen en sus libros las actividades que se indican a continuación. Dichos temas también se encuentran en la hoja con la prueba de repaso en la sección "Tiempo para compartir". Conversen con el grupo sobre:

• Las preguntas de la sección B en esta prueba de repaso.

• El principio al cual Dios le llamó la atención, y lo que usted debe hacer diferente para aplicarlo en su vida (p. 192).

• Las dos enseñanzas que usted seleccionó del resumen, y el porqué (pp. 192 y 193).

• Una de las enseñanzas o porciones bíblicas más significativas de las lecciones de esta unidad y

su respuesta en oración a Dios. Escoja de las páginas 186-187, 190, 192-193, 196 ó 201.

3. Memorización de la Escritura. (Parejas) Pídale a cada uno que repita 1 Juan 1.7. Si alguno tiene dificultades en el aprendizaje del versículo, ayúdelo. Pídale a cada persona que le diga a su compañero o compañera lo que Dios le enseñó esta semana mediante este versículo.

4. Diálogo y discusión. Guíe al grupo a dialogar en base a la siguiente preguntas: ¿Cuáles son algunos aspectos de la koinonía que tal vez falten en nuestra iglesia? ¿Qué deberíamos hacer para experimentar dimensiones más amplias de la koinonía?

5. Fijemos la atención en Dios. Pregunte: (a) ¿Qué aprendió en esta semana en cuanto a Dios, sus propósitos o sus caminos? (b) En respuesta a lo que Dios le ha enseñado, ¿qué cree usted que debe hacer?

6. Declaren las maravillosas obras de Dios. Este es el momento para compartir los testimonios. Coménteles: Si Dios ha hecho algo especial en su vida o por medio de ella esta semana pasada, cuéntenos brevemente lo que Dios ha hecho, para que así todos juntos podamos alabar al Señor.

Período de oración: 10 minutos

1. Oración. Pídale a cada persona que ore en voz alta por los motivos e inquietudes que tienen en sus corazones que han surgido como consecuencia de haber tomado este curso. Las oraciones pueden enfocarse en la respuesta personal del miembro o en su iglesia y su respuesta a los principios del reino.

2. Anoten las peticiones de oración. A medida que los grupos concluyen la oración, dígales: Ahora busquen en su diario espiritual la sección de peticiones de oración, y anoten las maneras en las que Dios los guía a orar por sí mismos y por su iglesia.

Conclusión: 10 minutos

1. Esperemos en Dios. Responda a cualquier pregunta o inquietud que pudiera haber surgido durante la sesión. Pídale al grupo que ore por este asunto durante la semana, pídale a Dios que los guíe a encontrar la respuesta.

2. Vistazo a la unidad 12. Pídales a los participantes que presten atención a los elementos esenciales para mantener la koinonía.

3. Evaluación del curso. Reparta las hojas de evaluación del curso Mi experiencia con Dios. Pídales a los participantes que la coloquen en sus libros al comienzo de la unidad 12 y que la completen. Esto ayudará al discipulador a mejorar su presentación del curso cada vez más. Dígales que les pedirá las evaluaciones la semana que viene.

4. Fije una fecha. Pídales que se pongan de acuerdo para fijar una fecha en las próximas cuatro o seis semanas. Explíqueles que en la próxima sesión de grupo decidirán con respecto a una posible fecha para tener una reunión de compañerismo cristiano.

5. Oración. Pídale a un participante que ore intercediendo por su iglesia para que pueda experimentar todas las dimensiones de la koinonía que Dios quiere que tenga, y que verdaderamente se convierta en un centro estratégico de misiones mundiales.

DESPUÉS DE LA SESIÓN

1. Anote en la sección de oración de su propio diario espiritual las maneras específicas en que puede orar por los participantes del grupo. ¿Percibe alguna necesidad de una persona en particular por la cual debe orar más intensamente? En ese caso, anótela también en su diario.

2. Hágase las siguientes preguntas, y escriba sus respuestas en las líneas impresas o en una hoja por separado:
• ¿Qué preparación espiritual o mental debo hacer para la próxima sesión, que tal vez me faltó esta semana?

_____
_____

• ¿Quién necesita que lo anime a participar más en el diálogo? ¿Cuándo y cómo podré animarlos?

_____
_____

• ¿En qué punto respondí más apropiadamente a las necesidades de los participantes o a la dirección del Espíritu Santo?

_____
_____

• ¿Pude empezar y concluir a tiempo?

_____
_____

• ¿Quiénes necesitan que les visite durante la semana, para animarlos, orar con ellos, darles algún consejo? ¿Cuándo los visitaré?

_____
_____

3. Lea toda la sección "Antes de la sesión" en la página que sigue, para tener una idea de la preparación que deba hacer para el próximo encuentro.

4. Hable con su pastor o con el director del programa de discipulado de su iglesia (o la persona responsable por el planeamiento de los estudios de discipulado) para averiguar cuándo se ofrecerá otra vez el estudio Mi experiencia con Dios. Averigüe también sobre otras oportunidades de discipulado que se planea ofrecer en el futuro para informarle a su grupo. Prepare para cada participante una copia del calendario de eventos de discipulado o haga un cartelón para exhibirlo.

Sesión de Grupo 12
COMUNIÓN CONSTANTE CON DIOS

Esta sesión ayudará a los participantes a:
- explicar la aplicación de los cuatro elementos esenciales de la koinonía.
- identificar maneras en las que se puede responder a la convicción de pecado para recibir el remedio de Dios.
- identificar cuatro etapas para restaurar al creyente descarriado.
- identificar maneras en que pueden estimular a otros creyentes al amor y a las buenas obras.
- demostrar su compromiso a fortalecerse mutuamente al orar por el crecimiento y madurez espiritual de cada miembro.

ANTES DE LA SESIÓN

❏ 1. Complete todas las actividades de aprendizaje en el libro de estudio

❏ 2. Ore a Dios pidiendo su dirección al prepararse para esta sesión de grupo. Ore mencionando a los participantes por nombre. Pídale a Dios que esta sesión sea realmente significativa para el crecimiento de los participantes.

❏ 3. Lea la sección "Durante la sesión" y seleccione las actividades que mejor se apliquen a su grupo. Adapte o busque aquellas que usted piense serán las más apropiadas.

❏ 4. Decida cuánto tiempo asignará a cada actividad. Escriba en el margen la hora en que usted planea empezar cada actividad (por ejemplo: coloque 6:15 al lado de "Repaso de la unidad"). Este horario lo ayudará a mantener un ritmo apropiado durante toda la sesión. Esté siempre listo para cambiar sus planes si el Espíritu Santo lo guía a usted, o al grupo, en otra dirección.

❏ 5. Consiga los siguientes materiales, así como cualquier otro que usted necesite para las actividades que haya escogido hacer. Deberá tener listo:
- copias de la "Prueba de repaso" para la unidad 12 (p. 16); una por persona.

- copias del calendario de eventos de capacitación en el discipulado; o el cartelón (véase "Después de La Sesion", el punto 4 de la lección anterior).
- pizarrón y tiza, u hojas de papel grande y marcadores de felpa.
- copias del formulario para pedir el diploma del curso *Mi experiencia con Dios*.
- copias adicionales del formulario de evaluación del discipulador (22-23) por si alguien no lo tiene.

❏ 6. Retire los cartelones de las sesiones previas y guárdelos. Coloque los que corresponden a la unidad 12 (p. 8).

❏ 7. Pídale a alguna persona que lo ayude con el refrigerio.

❏ 8. Tenga en mente el encuentro que se hará dentro de cuatro o seis semanas para hacer los anuncios y preparativos correspondientes.

DURANTE LA SESIÓN

Actividades de apertura: 15 minutos

1. Salude a las personas a medida que llegan. Entrégueles una copia de la prueba de repaso para esta unidad. Pídales que completen la prueba y se aseguren de tener todas las actividades de aprendizaje del libro del alumno, sobre todo las que corresponden a la sección "Tiempo para compartir" en la hoja que se les acaba de entregar.
Recoja los formularios de la evaluación del discipulador. Si alguien se olvidó de traerlo entréguele uno y pídale que lo llene.

2. Formulario para pedir el diploma. Ayude a los participantes a completar dicho formulario para así obtener los créditos de este curso y su diploma de reconocimiento.

3. **Oración de apertura.** Pídale a alguien que empiece la sesión dando gracias a Dios en oración por la koinonía que Él ha concedido al grupo de estudio.

Repaso de la unidad: 25 minutos

1. Prueba de repaso. Repase las afirmaciones de los cuatro elementos esenciales de la koinonía. Después de leer en voz alta cada uno, pídale a algunos voluntarios que lo expliquen brevemente.

2. Preguntas y respuestas. Pídales a algunos voluntarios que contesten las siguientes preguntas:

a. ¿Qué quiere decir la Biblia cuando indica que Dios oculta su rostro? (pp. 203-204)

b. ¿Qué acciones puede realizar una persona para buscar y hallar el remedio de Dios para el pecado? (p. 204)

c. ¿Qué cosas pueden competir con su amor a Dios, o amenazarlo? (p. 207)

d. ¿Qué cosas interfieren con el gobierno de Cristo, amenazando la koinonía en la iglesia? (p. 208)

e. ¿Qué cosas suceden en una iglesia que pueden tomar el lugar de un encuentro real y personal con Dios? (p. 210)

f. ¿En qué cosas pueden verse tentados los miembros de una iglesia al poner su confianza en ellos mismos en lugar de ponerla en Dios? (p. 211)

g. ¿Por qué es importante aprender de Cristo dentro del cuerpo que tratarlo de hacerlo solos? (p. 213)

h. ¿De qué manera este curso lo ha ayudado a crecer espiritualmente? (p. 213)

i. ¿Cuáles son las cuatro etapas que Jesús señaló para restaurar al creyente descarriado? (p. 216)

Refrescos. (Puede hacer esta actividad al final) Provea algún tipo de refrescos ligeros y pasen algunos momentos disfrutando del compañerismo que Dios les ha dado durante estas trece semanas.

Tiempo para compartir: 20 minutos

1. Memorización de la Escritura. (Parejas) Pídale a cada uno que repita Hebreos 10.24-25 y que exprese lo que Dios le enseñó esta semana mediante este versículo.

2. Respuestas escritas. (Subgrupos) Trate de ser breve en esta sección porque necesitará dedicarle más tiempo al período de oración. Pídales que busquen en sus libros las actividades que se indican a continuación. Dichos temas también se encuentran en la hoja con la prueba de repaso en la sección "Tiempo para compartir". Conversen con el grupo sobre:

- Una de las enseñanzas o porciones bíblicas más significativas de las lecciones de esta unidad, y su respuesta en oración a Dios. Escoja una de las páginas 205-206, 209. 212, 216-217 ó 218-219.
- Maneras en que ustedes puede estimular a otros creyentes al amor y a las buenas obras (p. 214).
- Los temas B hasta G en la página 218.
- Los temas H e I en la página 218, y por qué usted respondió como lo hizo.

3. Diálogo y discusión. Guíe al grupo a dialogar en base a la siguiente preguntas: ¿De qué maneras podríamos continuar creciendo en nuestra comunión con Dios? ¿Qué podría hacer nuestra iglesia para crear un ambiente que se preste mejor para el crecimiento? ¿Cómo podríamos respaldarnos los unos a los otros?

Período de oración: 30 minutos

Oración. (Subgrupos) Pídales a los participantes que abran sus libros en la página 218. Cada persona deberá leer para los demás sus respuestas a las preguntas J y K. Después que la persona lea, el resto del grupo se pondrá de pie y orará por tales motivos. Repita esto con cada una de las personas en el grupo.

Conclusión: 10 minutos

1. Fije una fecha. Elija la fecha en la que se reunirán dentro de unas cuatro o seis semanas.

2. Oración. Formen un círculo y tómense de las manos. Concluya con un período de oración agradeciéndole a Dios por todas las cosas maravillosas que Él ha hecho durante este curso de estudio. Anímelos para que todos participen orando.

DESPUÉS DE LA SESIÓN

1. Anote en la sección de oración de su propio diario espiritual las maneras específicas en que usted quiere continuar orando por los participantes del grupo y por su iglesia. ¿Percibe alguna necesidad de una persona en particular por la cual debe orar más intensamente? En ese caso, anótela también en su diario.

2. Haga planes para el encuentro que tendrán en unas cuatro o seis semanas. Pídale a cada uno que colabore tomando una responsabilidad, como por ejemplo: la preparación de la comida y los refrescos, las invitaciones, la confirmación del día y la

hora en que se reunirán, etc. Si para ese día tiene ya los diplomas de reconocimiento, aproveche la oportunidad para entregárselos también.

3. Dedique un tiempo para hacer la evaluación de este curso. Use las preguntas que siguen. Apunte sus notas en esta guía o en su diario espiritual. Comience esta evaluación con una oración a Dios pidiéndole su dirección.

- ¿Cómo ha usado Dios este estudio y este grupo de estudio para influir y mejorar mi relación personal con Él?
- ¿Qué es lo que Dios ha hecho en la vida de mi iglesia como resultado de este estudio?
- ¿Cómo han respondido los líderes de la iglesia a los cambios que han ocurrido en los participantes que tomaron este estudio?
- En su opinión, ¿cuál fue la experiencia más significativa de todo el estudio?
- ¿Qué debería o podría hacer diferente en el futuro en mi grupo de estudio? (Considere asuntos tales como: la matrícula de los participantes, el tamaño del grupo, el día y la hora de la reunión, las actividades de aprendizaje que seleccionó, los tiempos de oración, etc.)
- ¿Cuál es el siguiente paso a tomar? ¿Dirigir otro grupo de estudio? Tomar algún otro estudio de discipulado? ¿Empezar o ayudar en algún otro ministerio?

4. Lea las evaluaciones de los participantes del grupo y vea qué cambios deberá hacer en el próximo grupo de estudio de *Mi experiencia con Dios*.

5. Reúna y guarde todos los materiales que usó en este curso para usarlos en el futuro con otros grupos de estudio.
- el cartelón para la memorización de la Escritura.
- el cartelón de las siete realidades.
- los cartelones de las unidades 1 a la 12.
- cualquier otro recurso que usted haya confeccionado.

6. Ore y pase unos momentos en comunión con Dios. Agradézcale por lo que Él ha hecho en su vida, la vida de los participantes y en su iglesia en las semanas pasadas.

7. Si Dios ha obrado en la vida de su iglesia en forma significativa como resultado de este estudio, por favor, envíenos un breve testimonio. Para ello escriba a:

Departamento Multicultural de Liderazgo
Sección Editorial
127 Ninth Avenue North
Nashville, TN 37234-0180
USA